Bleyer | Propaganda. 100 Seiten

*** Reclam 100 Seiten ***

ALEXANDRA BLEYER, geb. 1974, ist Historikerin und freie Autorin. Bei Reclam erschien zuletzt ihr Band *Napoleon. 100 Seiten.*

Alexandra Bleyer

Propaganda. 100 Seiten

RECLAM

Dieses Werk wurde vermittelt durch Aenne Glienke | Agentur für Autoren und Verlage, www.AenneGlienkeAgentur.de.

2020 Philipp Reclam jun. Verlag GmbH,
Siemensstraße 32, 71254 Ditzingen
Umschlaggestaltung nach einem Konzept von zero-media.net
Infografiken (S. 28 f., 94 f.): annodare GmbH, Agentur für Marketing
Bildnachweis: S. 5: Library of Congress; S. 9: Wikimedia Commons / Carl Pietzner; S. 17: Wikimedia Commons / Bundesarchiv Bild 102-17049 / Foto: Georg Pahl; S. 35: Russländisches Staatsarchiv für sozialpolitische Geschichte (RGASPI) / Grigorij Gol'dštejn; S. 37: BArch, R 3018/1704; S. 44: picture-alliance / Press Association Images | Christopher Hunt / GQ Magazine; S. 63: CZAS! Angela Merkel: picture-alliance / dpa | Stf; S. 65: UB Heidelberg; S. 85: Die Welt; Autorinnenfoto: Jana Kvaltínová.
Druck und Bindung: Kösel GmbH & Co. KG,
Am Buchweg 1, 87452 Altusried-Krugzell
Printed in Germany 2020

ISBN 978-3-15-020540-2

Auch als E-Book erhältlich

www.reclam.de

Für mehr Informationen zur 100-Seiten-Reihe:
www.reclam.de/100Seiten

Inhalt

Ein Werkzeug des Bösen?

Warum ein Buch über Propaganda? Ist das noch zeitgemäß? Zwar taucht der Begriff in der Tagespolitik regelmäßig auf, meist als Vorwurf an den politischen Gegner oder angesichts von Desinformationskampagnen, mit denen (aus dem Ausland) Wahlen beeinflusst werden. Doch wenn wir über politische Kommunikation und deren Fehlentwicklungen diskutieren, stehen andere Begriffe im Vordergrund: *Fake News* und »alternative Fakten«, *Message Control* sowie »Mainstream-« und »Lügenpresse«. Fragt man, was diese Dinge gemeinsam haben, zeigt sich ein roter Faden: Es geht um die (tatsächliche oder vermeintliche) Beeinflussung der öffentlichen Meinung durch Akteure, die damit ihre Ziele erreichen wollen.

Was nach Verschwörungstheorie klingt, ist nichts anderes als die wertneutrale Definition von Propaganda, die der Kommunikationswissenschaftler Gerhard Maletzke 1972 formuliert hat: »›Propaganda‹ sollen geplante Versuche heißen, durch Kommunikation die Meinung, Attitüden, Verhaltensweisen von Zielgruppen unter politischer Zielsetzung zu beeinflussen.« Wie PR und Werbung fällt sie in die Kategorie der persuasiven Kommunikation; sie will überreden (lat. *persuadere*) und überzeugen. Ein entscheidender Faktor ist die Intention des Urhebers: Propaganda entsteht nicht einfach so, sondern mit einer bestimmten Absicht.

Weder ist Propaganda Geschichte, noch gibt es sie lediglich in fernen Ländern wie dem diktatorisch regierten Nordkorea, wo die staatliche Jubelpropaganda zum Systemerhalt beiträgt: »Auch in einer liberalen Demokratie wird Propaganda gemacht«, bekräftigte der amerikanische Philosoph Jason Stanley 2015 im Interview mit der *Zeit* – und damals war Donald Trump (* 1946) noch gar nicht US-Präsident. Auf die Frage hin, wann ihm zum letzten Mal Propaganda begegnet sei, antwortete er: »Heute früh, beim Zeitunglesen. Ich stoße jeden Tag auf Propaganda, sie gehört zum Alltag.«

Und Propaganda wirkt. Als Historikerin faszinierte mich schon im Studium die Frage: Wie konnten Einzelne oder kleine Gruppen andere von ihren Ideen überzeugen, Anhänger gewinnen und diese mobilisieren? Zum Sturm auf die Bastille zum Beispiel. Für eine neue religiöse Bewegung wie die mittelalterlichen Bettelorden oder eine politische Partei. Zu Demonstrationen für Freiheit, Frauen- und Bürgerrechte. Vor allem aber auch zu Völkermord und Krieg: Wie kann es sein, dass es Menschen trotz all der leidvollen Erfahrungen mit Gewalt, Hass und Krieg immer wieder gelingt, andere dazu zu bringen, ihre Menschlichkeit zu vergessen und auf andere loszugehen?

Propaganda ist wirkmächtig.

Jetzt könnte man das Buch frustriert zur Seite legen, wenn kein »aber« folgen würde. Propaganda wirkt nämlich nur, solange sie nicht als solche durchschaut wird.

Wer weiß, wie Propaganda funktioniert, welche Tricks eingesetzt werden und welche Rollen die Medien dabei spielen, dem fällt es leichter, Manipulationen und Fakes (rechtzeitig) zu erkennen. Das Buch soll eine Orientierungshilfe bieten: Es geht mir nicht darum, akribisch aufzuzählen, welcher Politiker wann was gesagt hat und ob es gelogen oder wahr war. Nein, ich möchte – anhand von anschaulichen, kurzen Fallbeispielen – aus der Vogelperspektive die großen Muster politischer Propaganda und die ihr zugrundeliegenden Strategien sichtbar machen, damit im Alltag jeder gut gerüstet für sich auf Entdeckungsreise gehen kann. Denn wir sind zwar von Natur aus anfällig für Beeinflussung, aber wir sind ebenso lernfähig. Mit Wissen und einer vernünftigen Portion Skepsis können wir uns gegen Desinformation und Manipulation schützen. Ich will nicht behaupten, dass das einfach ist. Denn jene, die uns beeinflussen und in die Irre führen wollen, sind Profis. Und einige von ihnen sind willens, über Leichen zu gehen.

Wer sind sie, die Propagandisten? Wer oder was fällt uns spontan ein, wenn wir an Propaganda denken? Vermutlich Adolf Hitler (1889–1945) und Joseph Goebbels (1897–1945), wie sie sich wild gestikulierend vor erregten Menschenmassen heiser brüllen. Im kollektiven Gedächtnis ist Propaganda mit der NS-Zeit verknüpft. Für Hitler hatte sie von Anfang an höchsten Stellenwert: »Nach meinem Eintritt in die Deutsche Arbeiterpartei übernahm ich sofort die Leitung der Propaganda«, schrieb er in *Mein Kampf*. Er hielt »dieses Fach für das augenblicklich weitaus wichtigste«, denn noch war die NSDAP von einer Massenpartei weit entfernt und es galt »erst das zu bearbeitende Menschenmaterial« zu gewinnen. Schon in den 1920er Jahren leistete sich die politisch noch »bedeutungslose Splitterpartei« (Peter Longerich) einen Reichspropagandaleiter, einen Auslandspressechef sowie eine Rednerschule.

»Wir säßen heute nicht in den Ministersesseln, wenn wir nicht die großen Künstler der Propaganda wären«, davon war

Goebbels zwölf Tage nach seiner Ernennung zum Minister des Reichsministeriums für Volksaufklärung und Propaganda überzeugt. Nach Hitlers Amtsantritt als Reichskanzler am 30. Januar 1933 ging es ihm und seinen Mitstreitern, wie Goebbels sagte, darum, »Menschen für eine Idee zu gewinnen, so innerlich, so lebendig, daß sie am Ende ihr verfallen sind und nicht mehr davon loskommen.« Im selben Jahr wurde die Meinungs- und Pressefreiheit außer Kraft gesetzt und die Zensur eingeführt (»Gleichschaltung« der Medien). Die Nationalsozialisten machten kritische sowie oppositionelle Stimmen mundtot, und sie trieben die gnadenlose Ausgrenzung und Verfolgung der Juden voran, die im Holocaust mit rund 6 Millionen Todesopfern gipfelte.

Gegenüber den Großmächten Europas gab sich das NS-Regime bis 1936 betont friedliebend, wie Ralf Georg Reuth in seiner Goebbels-Biographie beschreibt, um insgeheim ungestört aufrüsten zu können. Die außenpolitische Propaganda mit ihren Friedensbeteuerungen diente dazu, wie Goebbels es ausdrückte, die »Risikozone«, also die Phase der »Wiederwehrhaftmachung«, sicher hinter sich zu bringen. Im September 1933 reiste Goebbels zur Tagung des Völkerbundes in Genf und hielt vor der internationalen Presse einen Vortrag über *Das nationalsozialistische Deutschland und seine Aufgabe für den Frieden.* Darin wies der Propagandaminister die Behauptung, Deutschland bereite eine spätere Expansionspolitik vor, als »grotesk« zurück und nannte es »unfair«, dem Reich einen Willen zum Krieg zu unterstellen. Der Wolf im Schafspelz. Hitler erklärte im November 1938: »Die Umstände haben mich gezwungen, jahrzehntelang fast nur vom Frieden zu reden«; dann aber galt es, »das deutsche Volk psychologisch allmählich umzustellen« und auf Krieg einzustimmen.

Martin Luther King 1964

Die menschenverachtende und -vernichtende Ideologie und Politik der Nationalsozialisten führte in den Zweiten Weltkrieg und zu ungeheuren Verbrechen gegen die Menschlichkeit. Flankiert wurde sie Schritt für Schritt von raffinierter

Propaganda, die an Unwahrhaftigkeit und Zynismus nicht zu übertreffen ist.

Ist Propaganda also ein Werkzeug des Bösen? Nicht unbedingt. Propaganda selbst ist weder gut noch böse, sondern eben nur das: ein Werkzeug.

Der US-amerikanische Baptistenpfarrer Martin Luther King (1929–1968) kämpfte gegen Rassendiskriminierung sowie soziale und wirtschaftliche Ungerechtigkeit. 1955 übernahm er eine führende Rolle in der schwarzen Bürgerrechtsbewegung, reiste durch das Land, hielt Vorträge und war für Zeitungen, Radio- und Fernsehsender ein gefragter Interviewpartner. Am 28. August 1963 nahmen rund 250 000 Menschen am Protestmarsch auf Washington teil, und er hielt vor dem Lincoln Memorial seine berühmte *I-Have-a-Dream*-Rede. Die Rassentrennung wurde 1964 durch ein Bürgerrechtsgesetz (*Civil Rights Act*) für ungültig erklärt; im selben Jahr erhielt King den Friedensnobelpreis. Gewalt hatte er stets eine scharfe Absage erteilt, doch seine Gegner schreckten davor nicht zurück: King fiel am 4. April 1968 einem Attentat zum Opfer.

Auch Martin Luther King versuchte, »durch Kommunikation die Meinung, Attitüden, Verhaltensweisen von Zielgruppen unter politischer Zielsetzung zu beeinflussen«. Das ist der Definition nach Propaganda. War der Bürgerrechtler und Friedensnobelpreisträger folglich ein Propagandist? Darf man das sagen? Zum Glück bezog er selbst dazu Stellung und forderte zur Differenzierung auf: »Für den Normalbürger hat das Wort ›Propaganda‹ einen bösen und hinterhältigen Unterton«, erklärte er 1954 in seiner Predigt *Propagandizing Christianity* (›Das Christentum verbreiten‹). Jenen, die furchtbare Erfahrungen mit Propaganda in totalitären Staaten gemacht hätten, erscheine sie als etwas notwendigerweise Böses, das verdammt und vermieden werden müsse. »Aber Propaganda muss nicht böse sein. Es gibt edle Zwecke, denen die Propaganda dienen kann.«

Ob sie gut oder böse ist, ergibt sich aus der Zielsetzung: Mit Propaganda kann man Menschen zu Gewalt und Krieg aufrufen oder vom Wert des Friedens überzeugen. Letzteres strebte die österreichische Pazifistin und Schriftstellerin Bertha von Suttner (1843–1914) an. Einer politischen Partei beizutreten, lehnte sie ab:

> Solange die Politiker einander befehden, statt vereinigt einem klar erkannten Ziele entgegenzusteuern; solange die zu persönlichen Zwecken angewandte Schlauheit für Staatsweisheit gilt, solange wird von den Volksvertretungen nichts fürs Volk Ersprießliches errungen werden.

Suttner schloss sich stattdessen der Friedensbewegung an und nahm an Friedenskongressen teil; als Rednerin und Autorin warb sie für ihre Ideale und versuchte, über Medien wie Zeitschriften die öffentliche Meinung zu beeinflussen. 1889 erschien ihr zweibändiger Roman *Die Waffen nieder!* Darin lässt sie die Protagonistin Martha in Ich-Form berührend ihre durch Kriege verursachte Leidensgeschichte erzählen, um anhand ihres Schicksals deren Sinnlosigkeit und Schrecken aufzuzeigen. »Einer Kollegin gestand sie freimütig, ›daß man gerade durch Romane mehr Chancen hat, seine Ideen einzuschmuggeln‹«, schreibt Suttners Biographin Brigitte Hamann. In der Tat wurde Suttners Buch einer der größten Erfolge des 19. Jahrhunderts.

Zahlreiche verarmte russische Juden flohen in den 1880er Jahren vor Pogromen im Zarenreich nach Westeuropa, was den Antisemitismus u. a. in Wien und Berlin befeuerte. Gemeinsam mit ihrem Mann Arthur engagierte sich Suttner damals im »Verein zur Abwehr des Antisemitismus« und forderte: »Nicht nur die Betroffenen, sondern alle jene, denen das schreiende Unrecht weh tut [...], müßten schließlich zu einem lauten Proteste sich aufraffen.« 1905 erhielt sie den Friedensnobelpreis. Bis zu ihrem Tod am 21. Juni 1914 setzte sie sich für den Frieden ein. Den kurz darauf erfolgenden Ausbruch des Ersten Weltkrieges musste sie nicht mehr miterleben.

Mit Propaganda kann man Menschen für die Friedensbewegung gewinnen oder aber zum Kampf mobilisieren. Die Techniken sind dieselben. Wie aber funktioniert Propaganda? Leitet der Propagandist seine Botschaft an die Medien weiter, diese veröffentlichen sie und das Publikum reagiert quasi auf Knopfdruck? Das wäre zu einfach. An Propaganda sind drei Akteursgruppen beteiligt: Sender (Kommunikator), Medien (Vermittler) und Empfänger (Rezipient, Adressat). Die Begriffe Sender und Empfänger beziehen sich auf die Funktion im Kommunikationsprozess; unabhängig vom Geschlecht ist damit eine Person bzw. eine Personengruppe gemeint, die Botschaften entweder sendet oder empfängt.

Als Sender politischer Propaganda können einzelne staatliche oder nichtstaatliche Akteure und Gruppen auftreten. Beispielsweise sind das Politiker und Parteien, Nichtregierungsorganisationen (NGOs), Protestbewegungen und Interessensvertretungen, aber auch extremistische Gruppierungen und Terroristen. Sie alle wollen ihre Botschaften verbreiten und in der Öffentlichkeit für sich bzw. ihre Ziele werben. Parteien wollen im Wahlkampf Stimmen gewinnen, Natur- und Klimaschützer wollen möglichst viele Menschen zu einem verantwortungsbewussten Umgang mit der Umwelt motivieren.

Bertha von Suttner 1906

Propagandisten benötigen Medien als Vermittler, um möglichst viele Empfänger zu erreichen. Neben Zeitungen, Radio, Film, Fernsehen und Internet ist alles geeignet, was eine Botschaft transportieren kann: Siegessäulen und Münzen, Lieder, Kunstwerke, selbst Kinderspielzeug und Videospiele. Über Jahrhunderte dienten Geistliche wie der Landpfarrer den Regierungen als sogenannte »Menschmedien« – sie verkündeten von der Kanzel herab nicht nur das Wort Gottes, sondern auch Mitteilungen der Obrigkeit; in der Gegenwart ist die Rolle von »Hasspredigern« bei der Verbreitung von Propaganda zu erwähnen. Medien sind keine passiven Vermittler, sondern ebenfalls mit Macht ausgestattet; ihren Handlungsspielraum werde ich in einem eigenen Kapitel noch ausleuchten.

Die Gruppe der Empfänger ist die größte, denn sie schließt zugleich die natürlichen Personen aus der Akteursgruppe der Medien wie aus der der Sender mit ein, die immer auch der Propaganda anderer Kommunikatoren ausgesetzt sind. Nur: Wie empfänglich sind Menschen für Propaganda? Im frühen 20. Jahrhundert folgte man in dieser Frage gern der Massentheorie, die den Medien eine starke Wirkung zuschrieb.

Als einer ihrer Begründer gilt Gustave Le Bon (1841–1931), der 1895 die *Psychologie der Massen* publizierte. Le Bon war der Meinung, dass der Einzelne in einer Gruppe zum Herdentier werde und als solches leichter zu beeinflussen sei. Die Massen würden instinktiv »der Knechtschaft zusteuern«, da sie sich als Herde ohne Hirten nicht zu helfen wüssten, sondern eines Wegweisers bedürften. »Meistens sind die Führer keine Denker, sondern Männer der Tat« mit »wenig Scharfblick [...]. Man findet sie namentlich unter den Nervösen, Reizbaren, Halbverrückten, die sich an der Grenze des Irrsinns befinden.«

Der österreichische Psychoanalytiker Sigmund Freud (1856–1939) griff in seiner *Massenpsychologie und Ich-Analyse* (1921) die Gedanken Le Bons auf. Nach dem Ersten Weltkrieg entwickelte sich Propaganda zur Wissenschaft: Man sah in ihr eine Art ›Geheimwaffe‹ zur Steuerung der Massen durch die Eliten, was PR-Experten wie Edward Bernays, ein Neffe Freuds, durchaus begrüßten.

In den frühen 1930er Jahren kam es in den USA zu einer Abkehr von der Massentheorie; die Empfänger wurden nun als mess- bzw. berechenbar und dadurch lenkbar erachtet. Markt- und Meinungsforschung erlebten einen Aufschwung: Man ging daran, Zielgruppen exakt zu erforschen, indem man deren Lebensstile und Bedürfnisse erfasste, um die Propaganda darauf abstimmen zu können. Allerdings zeigte sich, dass Menschen keineswegs wie gewünscht auf Knopfdruck reagierten. Heute ist klar, dass Empfänger keine homogene Masse bilden, sondern aktive Rezipienten sind. Das Publikum besteht aus Individuen mit subjektiven Meinungen, Vorurteilen, Erfahrungen und Lebensumständen sowie hoher kognitiver Autonomie, sprich: Sie haben die Fähigkeit, selbst(ständig) zu denken. Propagandabotschaften rieseln nicht auf unbeschriebene Blätter herab, sondern prallen auf bestehende Ansichten – und manchmal von diesen ab.

Das Bild vom bösen Wolf, der die hilflosen Schafe verführt, ist zu simpel. Vor allem könnte es uns dazu verleiten, dem Sender zu große Macht zuzuschreiben und gleichzeitig den Empfänger aus seiner Mitverantwortung zu entlassen. Denn wenn Propaganda – manchmal mit vernichtenden Folgen – wirkt, sind beide Seiten nicht unschuldig daran.

Von der Propaganda zur PR- und Öffentlichkeitsarbeit

Was ist die Basis der Demokratie? Vertrauen. Wir müssen den von uns gewählten Volksvertretern, der Rechtsstaatlichkeit und den demokratischen Institutionen mit ihren Prozessen vertrauen können. Dabei geht es nicht um blindes und naives Vertrauen, sondern um Vertrauen, das verdient werden muss.

Doch unser Vertrauen wird durch Berichte über Amtsmissbrauch und Korruption, Postenschacher, Wahlmanipulationen und so weiter immer wieder erschüttert. Der österreichische Bundespräsident Alexander Van der Bellen (*1944) beklagte in seiner Rede vom 21. Mai 2019 das durch den sogenannten Ibiza-Skandal entstandene »Bild der Respektlosigkeit, des Vertrauensbruchs, der politischen Verwahrlosung. Der Schaden, den diese Bilder anrichten, ist noch nicht abzuschätzen. Besonders, weil viele jetzt in einer ersten Reaktion sagen ›Typisch Politiker!‹ oder ›Die sind doch eh alle gleich!‹« Nein, man kann nicht alle in einen Topf werfen. Das wäre ungerecht gegenüber jenen, die sich korrekt verhalten und um Wahrhaftigkeit bemüht sind, und es würde die Taten der schwarzen Schafe bagatellisieren.

Zu den tatsächlichen Lügen und Regelverstößen – und deren gibt es genug – kommen vermeintliche hinzu: In der öffentlich geführten Diskussion wird immer öfter der *Fake-News*-Vorwurf eingesetzt, um Informationen, Kritik und Argumente politischer Gegner oder der Medien abzuschmettern, selbst wenn diese den Tatsachen entsprechen. Das erzeugt ein Klima der Unsicherheit und des Misstrauens der Politik und den Medien gegenüber. Werden wir systematisch belogen und betrogen? Der ständige Zweifel – was ist wahr, was falsch? – setzt uns zu. Wem können wir noch vertrauen?

Es ist eindeutig: *Fake News* tun uns nicht gut; sie schaden der Demokratie. Sollten wir Propaganda daher komplett verbieten? Jein. Überspitzt formuliert ist ohne Propaganda kein Staat zu machen. Es liegt in der menschlichen Natur, andere zu überreden und zu überzeugen, um zu einer gemeinsamen Entscheidung zu finden. Das trifft ebenso auf die Politik zu, die ständig kommuniziert, erklärt und legitimiert werden muss. Beispielsweise waren und sind Regierende darauf angewiesen, dass die Bevölkerung ihrer Politik mehrheitlich zustimmt, sonst drohen Proteste und im äußersten Fall eine blutige Revolution.

In Demokratien entscheiden die Wähler. Nirgends tritt der Werbecharakter der Propaganda (im Geschäftsleben wurde das Wort noch um 1900 synonym zur Reklame verwendet) so klar hervor wie im Wahlkampf. Daran ist grundsätzlich nichts Verwerfliches – die Bürger müssen ja erfahren, welche Partei welche Positionen vertritt, um in der Wahlkabine eine Entscheidung treffen zu können.

Jedoch ist Propaganda nicht gleich Propaganda. Wohl niemand wird die Propaganda der NS-Zeit oder moderner Diktaturen mit jener in Demokratien auf eine Stufe stellen. Die

»Ein Ende von Propaganda ist also nicht abzusehen. Denn das Grunddilemma ist nach wie vor dasselbe: In demokratischen Staaten müssen politische Entscheidungen normativ und gemeinwohlorientiert begründet werden. Dadurch stehen Regierungen und konkurrierende politische Parteien stets vor der Notwendigkeit, argumentativ zu erklären, warum sie welche Entscheidung anstreben. Diese Argumente werden im Diskurs in der Regel mit Tatsachen unterfüttert. Die Verführung im politischen Meinungskampf liegt nun darin, Argumente und Fakten selektiv auszuwählen und andere wegzulassen, also ein Bild von der Realität zu zeichnen, das den eigenen Aktionsprogrammen am nächsten kommt. Solange diese Verführung besteht – und ihre Abschaffung würde auch ein Ende des freien Räsonnements bedeuten – wird es auch persuasive politische Kommunikation geben. Einige Indizien sprechen dafür, dass die Hemmschwellen zum Einsatz solcher Mittel auf Seiten der politischen Klasse sogar sinken. Die Bereitschaft, die Bevölkerung mit professionellen Kampagnen auf die ›richtige‹ Argumentation einzuschwören, nimmt tendenziell zu – und die Akzeptanz solchen Verhaltens auch.«

Thymian Bussemer, *Propaganda. Konzepte und Theorien*, Wiesbaden 2008

jeweilige Verfassung und die Gesetze geben den Rahmen vor, innerhalb dessen sich politische Propaganda entfalten darf. In funktionierenden Demokratien wird sie vor allem durch zwei Faktoren beschränkt: die Meinungs- bzw. Pressefreiheit sowie das parlamentarisch-demokratische System, in dem in der Regel mehrere Parteien konkurrieren und zusammen mit weiteren staatlichen sowie nichtstaatlichen politischen Akteuren in der öffentlichen Diskussion zeitgleich verschiedene Meinungen vertreten. Die Soziologen Paul Felix Lazarsfeld und Robert King Merton haben sich in den 1960er und 1970er Jahren mit der Problematik befasst. Für sie ist »das Reinergebnis der Propaganda [...] außerordentlich gering, wenn sich die Propaganda gegensätzlicher politischer Richtungen die Waage hält.«

Zudem kommt es darauf an, welche Mittel und Methoden eingesetzt werden. Wir unterscheiden zwischen schwarzer, weißer und grauer Propaganda. Bei schwarzer Propaganda werden Unwahrheiten und Gerüchte verbreitet, der Kommunikator hält sich verborgen oder täuscht vor, jemand anderes zu sein. In den grauen Bereich fallen Halbwahrheiten und Suggestionen, es können zudem illegal erworbene Daten (beispielsweise durch Hackerangriffe) anonym ›geleakt‹ werden.

Bei weißer Propaganda ist der Sender identifizierbar und die Information wahr. Sie entspricht weitestgehend den Ethikregeln der modernen Branche für PR- und Öffentlichkeitsarbeit. Wichtig ist dennoch, festzuhalten, dass politische Kommunikation niemals neutral und objektiv ist. Sie ist stets zielgerichtet und will über die sachliche Information hinaus immer auch überzeugen.

Wer Propaganda betreibt, muss kein notorischer Lügner sein. Die meisten Akteure – und das gilt selbstredend auch für Politiker – bewegen sich auf dem Boden der Tatsachen. Dass sich aber alle ins beste Licht rücken, Stärken betonen und Schwächen herunterspielen, ist verständlich – und wer es je mit Online-Dating probiert hat, weiß genau, wie das geht. (Strenggenommen ist es keine Lüge, wenn man ein etwas älteres Foto von sich erwischt hat.)

Politiker gestehen freimütig ein, Wahlwerbung, PR- bzw. Öffentlichkeitsarbeit zu betreiben; aber Propaganda? Niemals! Als Faustregel gilt: Propaganda ist, was die anderen tun.

Der schlechte Ruf der Propaganda erklärt sich aus der Geschichte, in der ein ursprünglich neutraler Begriff seine Unschuld verlor. Propaganda ist die Gerundivform von *propagare* (lat. für ausdehnen, fortpflanzen oder pfropfen) und war ursprünglich ein Terminus der Biologie. 1622 wurde in Rom die *Sacra Congregatio de propaganda fide* gegründet (›Heilige Kongregation für die Verbreitung des Glaubens‹, kurz Propaganda genannt). Wie Papst Gregor XV. (1554–1623) in der Bulle LVIII *Inscrutabili Divinae Providentiae* schrieb, war deren Aufgabe »die Verbreitung des Glaubens in der ganzen Welt«. Damit war sowohl die Heidenmission als auch die Stärkung des Katholizismus und Bekämpfung des Protestantismus im Zeitalter der Gegenreformation gemeint. Seit der Französischen Revolution 1789 ist der Begriff zunehmend politisch aufgeladen; synonym dazu etablierte sich im 19. Jahrhundert die Bezeichnung Agitation.

Seit man die Kriegspropaganda des Ersten Weltkrieges und ihre Lügen in der Zwischenkriegszeit analysiert hatte, war das Potenzial der Propaganda bekannt. Man wollte sie auch weiterhin zur Beeinflussung der Bevölkerung einsetzen, der Begriff selbst geriet jedoch in Verruf. Selbst Joseph Goebbels wollte kein *Propaganda*minister sein, da das Wort einen »bitteren Beigeschmack« habe und sich der Laie darunter »etwas Minderwertiges oder gar Verächtliches« vorstelle. Für sein Ressort schlug er die Bezeichnung »Reichsministerium für Kultur und Volksaufklärung« vor, aber Hitler lehnte ab. Daher bestimmte Goebbels, dass Propaganda in den Medien nur noch im positiven Sinn für die von Deutschland ausgehenden Aktivitäten zu

Joseph Goebbels 1934 bei einer Rede vor der SA im Berliner Lustgarten

verwenden sei; jene der Gegenseite seien hingegen als Zersetzung, Agitation und Hetze zu diffamieren. Dass der Begriff Propaganda seit 1945 derart negativ besetzt ist, verdankt er maßgeblich der skrupellosen, vor Lügen nur so strotzenden Propaganda des NS-Regimes.

Wenn politische Akteure *es* zwar tun, aber nicht Propaganda nennen wollen, wie nennen sie *es* dann? Öffentlichkeitsarbeit, Public Relations oder strategische Kommunikation; im Englischen bürgerten sich Bezeichnungen wie *spin and news management* (oder *spin doctors* für die Macher von Propaganda) ein.

Politische Akteure wollen sich ebenso wie die PR-Branche vom historisch belasteten Propagandabegriff abgrenzen und betonen einen deutlichen Unterschied zwischen PR und Propaganda, vor allem was deren Wahrhaftigkeit betrifft. Propaganda wird als unlautere Manipulation aufgefasst, PR hingegen soll als objektives und vielseitiges Informieren verstanden werden. Die Meinungen reichen allerdings von dem Standpunkt, dass PR und Propaganda völlig verschiedene Dinge seien, über die Ansicht, dass es in manchen Bereichen Überschneidungen gibt (wobei die Schnittmenge variiert), bis hin zu der Annahme, dass die Begriffe synonym zu verwenden seien. In diesem Buch verwende ich Propaganda im Sinne der oben genannten Definition, nämlich als wertneutrale Bezeichnung für systematische Versuche, durch Kommunikation und vielfach durch den Einsatz von (Massen-)Medien Meinungen und Verhaltensweisen von Zielgruppen politisch zu beeinflussen.

In den letzten Jahrhunderten professionalisierte und institutionalisierte sich gerade auch die staatliche Propaganda. Die moderne Öffentlichkeitsarbeit begann mit Napoleon

»PR heißt in der Praxis nichts anderes, als die Interessen des Auftraggebers oder der eigenen Organisation durchsetzen zu wollen – und dies ist keineswegs moralisch verwerflich. Wollte man aber die Differenzierung von Propaganda und PR für die Forschungspraxis beibehalten, müsste in jedem Einzelfall die Motivationslage und vor allem die Ehrlichkeit bzw. ethische Integrität der PR-Betreiber geprüft werden. Damit wird nicht abgestritten, dass es ethisch einwandfreie PR gibt und diese zur Regel werden sollte. Aber es ist ein Tatbestand, dass Tarnen und Täuschen Wesensmerkmale der PR sind. Um hohe Glaubwürdigkeit zu erreichen, ist es oftmals besser, sich nicht als Urheber einer bestimmten Aussage zu erkennen zu geben.«

Michael Kunczik, *Public Relations. Konzepte und Theorien*, Köln u. a. 2002

Bonaparte (1769–1821), der u. a. mittels eigener Zeitungen sein Image pflegte. Der in der Französischen Revolution eingeführten Pressefreiheit versetzte er, kaum war er 1799 Erster Konsul geworden, den Todesstoß. Sein *Bureau de presse* überwachte die Druckerzeugnisse, viele Zeitungen wurden verboten und Journalisten sowie Herausgeber oppositioneller Schriften verfolgt. Napoleon betrieb quasi *Message Control* auf höchstem Niveau: Der von ihm kontrollierte *Moniteur* wurde in der politischen Berichterstattung zum Leitmedium erhoben, nach dem sich alle Zeitungen in seinem *Grand Empire* richten mussten. Zudem gab er Themen vor und verfasste selbst (anonym) Beiträge.

In den Weltkriegen des 20. Jahrhunderts wurden zum Teil eigene Ministerien für Propaganda eingerichtet, wobei man wie beim britischen *Ministry of Information* unverfänglichere Bezeichnungen bevorzugte. Der US-Journalist George Creel (1876–1953), der das 1917 bei Kriegseintritt der USA gegründete *Committee on Public Information* leitete, schrieb in seinen Memoiren, dass US-Präsident Woodrow Wilson (1856–1924) und er die Organisation nicht mit Propaganda in Verbindung bringen wollten, »weil jeder dieses Wort mit Korruption und Hinterlist verbunden hätte. Unser Ansatz war ein bildungspolitischer, wir wollten informieren«.

Wie lautet die Faustregel? Böse Propaganda machen *die anderen. Wir* hingegen informieren, betreiben PR- und Öffentlichkeitsarbeit oder strategische Kommunikation oder wie auch immer man das Kind nennen will, solange es nicht Propaganda heißt. Noch im 21. Jahrhundert werden Abteilungen und Behörden, deren Aufgabenfeld verdächtig danach klingt, misstrauisch beobachtet. Aus EU- und NATO-Ländern wird gegenüber Russland der Propagandavorwurf erhoben; umgekehrt bezichtigt Moskau den Westen, über die *East Stratcom Task Force* (Strategisches Kommunikationsteam Ost) der EU antirussische Propaganda zu betreiben.

2002, ein Jahr vor dem Beginn des Irakkrieges, wurde auf Initiative des damaligen US-Verteidigungsministers Donald Rumsfeld (*1932) das *Office of Strategic Influence* (OSI) gegründet, um die öffentliche Meinung und die Medienberichterstattung außerhalb der USA zu beeinflussen. »Gemäß den Worten des Verteidigungsministers sollte es eine Behörde für Zersetzungspropaganda und Desinformation werden, Mittel der ›schwarzen Propaganda‹ waren also explizit vorgesehen«, schreibt Andreas Elter (*Die Kriegsverkäufer*). Allerdings führten Rumsfelds Vorschläge rasch zu Protesten seitens der Opposition, ausländischer Medien wie auch der US-Medien selbst, die Fehlinformationen von der auswärtigen Presse hätten übernehmen können. Die Konsequenz? Das *Office of Strategic Influence* wurde geschlossen. 2003 wurde das *Office of Global Communications* (OGC) gegründet, das direkt dem Weißen Haus untersteht. Es soll im Ausland das Image der USA fördern und die US-Außenpolitik rechtfertigen.

Unstrittig ist, dass politische Akteure auf Propaganda bzw. PR- und Öffentlichkeitsarbeit nicht verzichten können. Politiker müssen mit dem modernen Mediensystem umgehen, sich inszenieren und vermarkten können. Unterstützung erhalten sie von PR-Profis; der Pressestab einzelner Politiker und Parteien wächst stetig an. Zudem werden Leistungen externer PR-Agenturen teuer hinzugekauft.

Nils Klawitter befasste sich 2006 in seinem *Spiegel*-Artikel *Meister der Verdrehung* mit der US-amerikanischen PR-Agentur *Rendon Group*, die »quasi zum Kriegsinventar der Amerikaner« gehörte und deren Chef John Rendon sich treffend als »Informationskrieger und Wahrnehmungsmanager« bezeichnete. Als US-amerikanische Panzer am 27. Februar 1991 auf Kuwait City zurollten, winkten ihnen Bewohner mit kleinen US-amerikanischen oder britischen Fähnchen zu. »Haben Sie sich jemals darüber gewundert, wie Menschen aus Kuwait City, nachdem sie sieben Monate in Geiselhaft gehalten wurden, in der Lage waren, an kleine amerikanische Flaggen zu kommen?«, fragte Rendon. »Tja, Sie kennen die Antwort. Das war einer meiner Jobs.« Er war bereits vor den Truppen vor Ort gewesen und hatte die Fähnchen verteilt. Politische PR ist ein Milliardengeschäft; da sind solche Leistungen im Preis inbegriffen.

Das führt zu der brisanten Frage: Wo ziehen PR-Agenturen die Grenzen dessen, was moralisch noch vertretbar ist? Seitens der PR-Branche gibt es Ethikregeln in Form einer Selbstverpflichtung – beispielsweise sollen nur wahre Informationen verbreitet und keine unlauteren Mittel eingesetzt werden. Ich gehe davon aus, dass sich die meisten Vertreter der PR-Branche daran halten. Doch gibt es immer auch solche, die das nicht tun, und selbst »menschenrechtsverachtende Staaten hatten niemals Schwierigkeiten, renommierte PR-Agenturen für sich zu gewinnen« (Michael Kunczik).

Lassen wir einen weiteren PR-Experten zu Wort kommen, der seine subjektive Meinung äußert und selbstredend nicht für die gesamte Branche spricht: James Harff, Direktor der Abteilung *Global Public Affairs* der PR-Agentur *Ruder Finn*, die in den Balkankriegen für alle drei nichtserbischen Konfliktparteien (Kroaten, Bosnier, Kosovo-Albaner) tätig war. Laut Harff ist es der Agentur gelungen, den Krieg in den Medien und der Öffentlichkeit des Westens vereinfachend »als Geschichte von den guten und den bösen Jungs« darzustellen. Berichte über Gräueltaten wurden von der Agentur gar nicht auf ihren Wahrheitsgehalt hin überprüft (das wäre nicht ihre Aufgabe), sondern ausschließlich dahin gehend beurteilt, ob sie »unserer Sache dienlich sind«. Harff: »Wir sind Profis. Wir hatten eine Arbeit zu erledigen, und wir haben sie erledigt. Wir werden nicht dafür bezahlt, Morallehren zu erteilen.«

Information und Desinformation

Um die Welt zu begreifen, benötigen wir Informationen über sie, die wir uns durch eigene Anschauung oder aus zweiter Hand, beispielsweise durch Medien, verschaffen. Auf der Basis von Informationen und im Austausch mit unserem sozialen Umfeld bilden wir uns eine Meinung. So lustig es sein kann, jemanden in den April zu schicken, so entsetzlich können sich Unwahrheiten auswirken, wenn es beispielsweise um Krieg geht.

Gegenwärtig stehen uns eher zu viele statt zu wenige Informationen zur Verfügung; schon die Menge überfordert uns. Und irren ist menschlich. Informationen werden von uns subjektiv und selektiv aufgenommen oder abgelehnt, wenn sie nicht ins Weltbild passen. »Dass Menschen Tatsachen, die ihnen wohl bekannt sind, nicht zur Kenntnis nehmen, wenn sie ihrem Vorteil oder Gefallen widersprechen, ist ein so allgemeines Phänomen, dass man wohl auf den Gedanken kommen kann, dass es vielleicht im Wesen der menschlichen Angelegenheiten, der politischen wie der vorpolitischen, liegt, mit der Wahrheit auf Kriegsfuß zu stehen«, schrieb die Publizistin und Philosophin Hannah Arendt 1964 in ihrem Essay *Wahrheit und Politik*.

Der Sozialpsychologe Leon Festinger (1919–1989) formulierte 1957 die Theorie der kognitiven Dissonanz: Dabei handelt es sich um einen als unangenehm empfundenen Gefühlszustand, der durch widersprüchliche, nicht miteinander zu vereinbarende Gedanken und Meinungen (Kognitionen) entsteht. Informationen, die nicht zu unserer bestehenden Sichtweise passen, werden eher geleugnet oder verzerrt. Wir hören, was wir hören wollen, und sind erstaunlich beratungsresistent. Einleuchtend und glaubwürdig erscheint, was sich mit unseren schon vorhandenen Ansichten deckt. Man spricht dabei vom Bestätigungsfehler (engl. *confirmation bias*). Darüber hinaus neigen wir zu Verallgemeinerungen, Vorurteilen und binärem Denken, also dazu, Dinge in zwei extreme Gruppen einzuordnen, etwa Schwarz und Weiß oder Gut und Böse. Ebenso suchen wir bei dramatischen Ereignissen geradezu nach Verantwortlichen – und finden allzu schnell Sündenböcke. Das sind – grob gesagt und ohne Anspruch auf Vollständigkeit – die Vorbedingungen auf der Empfängerseite. Und die Profis unter den Propagandisten wissen ganz genau, wie sie die Schwächen der menschlichen Wahrnehmung ausnutzen können.

Da die Meinungsbildung anhand von Informationen erfolgt, setzt Propaganda bei diesen an. Heinrich von Kleist (1777–1811) verfasste 1809 ein satirisches *Lehrbuch der französischen Journalistik*, in dem er die »zwei obersten Grundsätze« der napoleonischen Presse formulierte: »Was das Volk nicht weiß, macht das Volk nicht heiß« und »Was man dem Volk dreimal sagt, hält das Volk für wahr«. Damit brachte der Dichter die beiden Arbeitsfelder der Propaganda auf den Punkt: Mit aktiver (positiver) Propaganda werden Botschaften verbreitet, mit restriktiver (negativer) Propaganda sollen dem Publikum gleichzeitig

»Unsere Wahrnehmung ist unvollkommen und vorurteilsbeladen, kommt uns aber objektiv und fehlerfrei vor. Argumenten sind wir nur zugänglich, wenn sie von unseren Freunden kommen, alles andere filtern wir tendenziell weg. Und denen, denen wir aus welchen Gründen auch immer vertrauen, glauben wir nahezu alles.
Es ist wirklich kein Wunder, dass Propaganda und Fehlinformation sich unaufhaltsam verbreiten, es ist die menschliche Natur. Und es ist kein Wunder, dass es Experten und Firmen gibt, die sich das zunutze machen und die gezielte Manipulation der Öffentlichkeit als Produkt verkaufen. Ist es ein Zufall, dass in diesem Klima die sogenannten Rechtspopulisten, die überall auf dem Vormarsch zu sein scheinen, weltweit mit der Angst vor dem bedrohlichen Anderen Stimmung machen?«

Kai Schreiber, *Wahre Lügen. Warum wir nicht glauben, was wir sehen*, Berlin 2019

jene Informationen vorenthalten werden, die der Zielsetzung des Senders entgegenstehen. Denn wer die Information hat, hat die Macht. Schon lange vor den Zeiten moderner *Message Control*, die es ermöglicht, durch Nachrichtensteuerung »Taktgeber der Meinungssetzung« (Eva Linsinger in *Alles nur Fake!*) zu sein, versuchten gerade die Herrschenden, aus ihrer Machtposition heraus die Kontrolle über Informationen und den Informationsfluss zu erlangen, um die Meinungsbildung in die gewünschte Richtung zu lenken. Welche pressepolitischen Maßnahmen sie dabei einsetzen konnten, hing vom politischen System (wie Absolutismus, Diktatur, Demokratie) und dessen Gesetzen ab.

Woher soll man wissen, welche Botschaften beim Publikum ankommen und welche Informationen besser verheimlicht werden? Wer jemanden überzeugen will, muss sein Gegenüber kennen und wissen, wo er den Hebel ansetzen kann. Daher stellt sich für den Propagandisten in der Vorbereitungsphase die Frage: Welche Meinungen, Wünsche, Sorgen und Bedürfnisse sind vorhanden? Gemäß der Theorie vom Bestätigungsfehler ist es leichter, beim Empfänger bereits bestehende Meinungen zu bestärken und zu radikalisieren, als ihn mit Botschaften zu erreichen, die seinen Überzeugungen widersprechen, da diese eher abgewehrt und als unglaubwürdig eingestuft werden. Zudem wird der Sender vom Empfänger als sympathischer beurteilt, wenn er ihm ähnlich ist und die gleiche Meinung hat, während ein Vertreter gegenläufiger Ansichten häufig abgelehnt wird.

Je klarer einzelne Zielgruppen im Detail erfasst werden – das erklärt auch, warum Meinungsumfragen für Kommunikatoren so wichtig sind –, umso besser können die Botschaften an diese angepasst werden (Mikrotargeting). In sozialen Netzwerken wie auf Facebook können Propagandisten zudem *Dark Posts* einsetzen: Bestimmte Beiträge werden nur einer festgelegten Zielgruppe angezeigt, tauchen aber bei anderen und in der Chronik des Absenders nicht auf. Unabhängig und unbemerkt voneinander bekommen verschiedene Empfängerkreise eigene, maßgeschneiderte Botschaften. Ob die darin enthaltenen Informationen auch wahr sind, steht auf einem anderen Blatt.

Fake News, Fakten und »alternative Fakten« – was ist was?

Der Papst hat eine Affäre. Angela Merkel wurde in einem russischen Labor geklont. Donald Trumps IQ entspricht dem Albert Einsteins. Solche (in diesem Fall von mir frei erfundenen) Informationen – wenn möglich noch mit kreativen ›Beweisfotos‹ garniert – würden in den sozialen Medien gewiss rasch geteilt. Falschmeldungen sind meist skandalös, emotional, auf Sensation ausgerichtet und damit attraktiv. Verschwörungstheorien liefern spannende Geschichten und anscheinend schlüssige Erklärungen; passen sie noch dazu ins eigene Weltbild und bestätigen sie Vorurteile, werden sie umso bereitwilliger geglaubt. Faktenchecks hinken hinterher.

Bei *Fake News* muss es sich nicht zwingend um eine Lüge handeln; auch sachlich richtige, aber dennoch irreführende Meldungen können in diese Kategorie fallen. Propagandisten überlegen ganz genau, welche Informationen bzw. Aspekte eines meist vielschichtigen Sachverhaltes sie dem Publikum präsentieren und welche nicht. Sie wollen weder objektiv informieren noch ein vollständiges Bild der Dinge zeichnen, sondern ausschließlich ihre Sicht vermitteln, um ihr Ziel zu erreichen. Plakative Beispiele, die für sich genommen ja durchaus den Tatsachen entsprechen können, untermauern die jeweilige Argumentation. Hinzu kommt, dass wir zum Verallgemeinern neigen und von dem Teil, den wir kennen, auf das Ganze schließen (*pars pro toto*).

Je nachdem, welches Bild in den Köpfen der Empfänger entstehen soll, wählt der »Informationskrieger und Wahrnehmungsmanager« die passenden Beispiele und lässt jene, die seine Linie widerlegen, beiseite. Das ist nicht gelogen, kann das Publikum aber dennoch zu falschen Schlüssen verleiten. Daher gilt es auch bei harten Fakten, die Intention des Kommunikators zu berücksichtigen. Bei Statistiken beispielsweise lässt sich hinterfragen: Wer erhob die Daten und welche (politischen) Interessen könnten dahinterstecken? Und ist die vom Propagandisten präsentierte Interpretation der Fakten schlüssig?

Fakten sind Tatsachen und als solche belegbar. Bei sich gegenseitig ausschließenden Aussagen – das Licht ist entweder an oder aus – können weder beide Seiten recht haben noch lässt sich ein Kompromiss aushandeln. Wenn Sprecher so tun, als könne doch beides zugleich wahr sein, wenn sie also falsche Behauptungen als »alternative Fakten« etikettieren, versuchen sie nichts weniger, als diese in der Diskussion auf eine Stufe mit Fakten zu stellen. Der Begriff *alternative facts* stammt zwar aus jüngster Zeit – die Formulierung geht auf Kellyanne Conway, eine Beraterin Donald Trumps, zurück –, aber die dazugehörige Kommunikationsstrategie wurde von Hannah Arendt schon in den 1960er Jahren beschrieben: Kann ein Lügner seine Fälschung nicht öffentlich als Wahrheit durchsetzen, erklärt er Arendt zufolge, »dies sei eben seine Ansicht von der Sache, für die er dann das Recht der Meinungsfreiheit in Anspruch nimmt. Subversive Gruppen haben sich dieses Mittels häufig bedient«.

Hinzu kommen »gefühlte Wahrheiten«: Was ich denke, fühlt sich richtig an, auch wenn mir präsentierte Fakten anders lauten. So können beispielsweise bei Verschwörungstheorien diesen widersprechende Fakten als Beweis für die Richtigkeit der Theorien umgedeutet werden, was falsche Überzeugungen sogar noch bestärken kann (*Backfire*-Effekt). Propagandisten verstehen gerade bei hochemotionalen Themen daraus Kapital zu schlagen. Der damalige Spitzenkandidat der Alternative für Deutschland (AfD), Georg Pazderski (* 1951), wurde im Wahlkampf für das Berliner Abgeordnetenhaus 2016 vom Moderator der RBB-Elefantenrunde gefragt, warum die AfD immer wieder betonte, dass Flüchtlinge kriminell und eine Gefahr seien. Außerdem wurde er mit der Kriminalitätsstatistik des Bundesinnenministeriums konfrontiert, laut der sich

Das Wort des Jahres 2016: postfaktisch

»Immer größere Bevölkerungsschichten sind in ihrem Widerwillen gegen ›die da oben‹ bereit, Tatsachen zu ignorieren und sogar offensichtliche Lügen zu akzeptieren. Nicht der Anspruch auf Wahrheit, sondern das Aussprechen der ›gefühlten Wahrheit‹ führt zum Erfolg.«

Jochen A. Bär, Pressemitteilung der Gesellschaft für deutsche Sprache 2016

95 oder 98 Prozent der Ausländer an die Gesetze hielten. Pazderskis Antwort? »Es geht nicht nur um die reine Statistik, sondern es geht darum, wie das der Bürger empfindet. *Perception is reality*. Das heißt: Das, was man fühlt, ist auch Realität.«

Wer braucht da noch Beweise? Vor den Halbzeitwahlen (*Midterms*) 2018 baute Donald Trump erneut die Migration zum Angstthema auf. Eine Karawane aus mehreren Tausend Menschen aus Mittelamerika befand sich damals auf dem Weg durch Mexiko. Am 22. Oktober heizte er die Unruhe seiner Anhänger in einem Tweet durch die Aussage noch an, dass sich »Kriminelle und Unbekannte aus dem Mittleren Osten« – also islamistische Terroristen? – in der Karawane befänden. Am Tag darauf musste er gegenüber Journalisten zugeben, dass es sich um Spekulation gehandelt hatte: »Es gibt keinen konkreten Beweis.« Nur um hinzuzufügen: »Aber es könnte sehr gut so sein.«

Desinformationen können sich langfristig zwar kaum gegenüber Tatsachen durchsetzen, aber sie stiften als Nebelgranaten Verwirrung: Erklärung A (die Wahrheit) könnte zutreffen, aber es könnte genauso gut Alternative B, C oder

D sein – sich ein klares Bild zu verschaffen, wird mühsamer. Wie das in der Praxis funktioniert, zeigte sich u. a. beim Abschuss des Flugzeugs MH17 im Juli 2014 durch Separatisten in der Ostukraine oder auch beim Giftgasangriff im syrischen Chan Schaichun im April 2017. In beiden Fällen wurden von russischer Seite zahlreiche (Verschwörungs-)Theorien und Erzählungen gestreut, die mit ihrem Deutungsangebot den Ermittlungen zuvorkamen – wer als Erster eine Erklärung des Geschehens liefert, hat einen Startvorteil. So konnten sie von den im Anschluss erhobenen Fakten ablenken. Beispielsweise wurde der Abschuss des Flugzeugs zu Unrecht ukrainischen Streitkräften angelastet; und in Sachen Chan Schaichun hieß es, nicht der mit Russland verbündete syrische Präsident Baschar al-Assad (* 1965) sei für den Giftgaseinsatz verantwortlich, sondern die syrische Luftwaffe hätte eben unwissentlich ein von Rebellen genutztes Giftstofflager getroffen. Ben Nimmo vom *Digital Forensic Research Lab* bezeichnet diese Technik als 4D-Ansatz: *Dismiss, distort, distract, dismay* – »streite ab, verzerre, lenke ab, verursache Empörung. Gib nie etwas zu, gestehe nichts ein – bleibe immer im Angriffsmodus.«

Doch zurück zur eigentlichen Lüge. Wann wird eine Aussage zur Lüge? Dann, wenn der Sprecher weiß, dass das Gesagte falsch ist, und er eine Täuschung beabsichtigt. Wer lügt, verspricht sich davon einen Vorteil. Entscheidend ist, ob ihm der Empfänger glaubt. Zwar werden Lügen früher oder später aufgedeckt, aber »oft kommt es vor, dass eine Lüge nur eine Stunde lang geglaubt zu werden braucht, um ihren Zweck zu erfüllen, dann ist sie überflüssig«, wie Jonathan Swift (1667–1745), der irische Satiriker und Autor von *Gullivers Reisen*, bereits 1710 schrieb. Denn wenn »die Menschen der Täuschung gewahr werden, ist es bereits zu spät. […] die Lügengeschichte hat ihre Wirkung getan«.

Nicht zu unterschätzen ist der Propagandawert von Gerüchten. Gerüchte sind der Definition nach unbestätigte Informationen und haben in Phasen, in denen sichere Fakten (noch) fehlen, Hochkonjunktur. Besonders gilt das nach dramatischen Ereignissen, für die nach einer Erklärung gesucht wird, wie beim Großbrand von Notre-Dame in Paris oder zuletzt bei der durch den Coronavirus (Covid-19) ausgelösten Pandemie.

Sender können Gerüchte auf schwarzen Kanälen ausstreuen oder aber mit offenem Visier kämpfen: Solange man keine definitive Behauptung äußert, kann man nicht der Lüge bezichtigt werden. Statt »X stammt vom Mars!« zu behaupten, kann man laut denken und vermeintlich unschuldig fragen (und das wird man ja wohl dürfen, wie dabei gern argumentiert wird), ob X vom Mars stammen könnte, oder Gehörtes weitergeben: »Man sagt / Ich habe gehört, X soll vom Mars stammen.« Das sind keine Behauptungen, für die seitens des Publikums Beweise eingefordert werden können, aber der Vorwurf ist erfolgreich in die Welt gebracht. Man kann darauf zählen, dass sich so mancher Empfänger denkt: Wo Rauch ist, muss es doch ein Feuer geben. Interessant ist, dass sogar explizit als Gerüchte ausgewiesene Botschaften mit der Zeit nicht weniger stark auf Empfänger wirken als Fakten.

Für jede Information, ob Fakt oder Fake, gilt: Was man dem Volk dreimal sagt, hält das Volk für wahr. Jede Wiederholung steigert den gefühlten Wahrheitsgehalt einer Botschaft, denn was vertraut klingt, halten wir für plausibel. In der Psychologie nennt man dies den *Illusory truth effect* (Wahrheitseffekt). Glaubwürdiger klingen zudem jene Falschmeldungen und Gerüchte, die ins Weltbild des Empfängers passen und seine vorgefasste Meinung bestätigen. Als Beispiel möchte ich das undeutliche Video in Erinnerung rufen, das nach dem Brand von Notre-Dame in den sozialen Medien kursierte und eine mysteriöse Gestalt auf einer Balustrade zeigte: Das kann nur ein islamistischer Terrorist sein, lautete das Deutungsangebot dazu, das entsprechende Verschwörungstheorien befeuerte. Die Faktencheck-Plattform Mimikama leistete zwar mit der Originalvideoaufnahme Aufklärungsarbeit – die Gestalt war ein Feuerwehrmann –, doch wer felsenfest von einer Theorie überzeugt ist, deutet widersprechende Fakten schon mal um: »Tolle Bildbearbeitung!«, kommentierte ein Facebook-User den Mimikama-Post.

Die Verneinung sowie die Richtigstellung von Falschem können auch unerwünschte Auswirkungen haben: Bei Faktenchecks, oder wenn sich ein zu Unrecht Beschuldigter zur Wehr setzt, wird die Falschaussage ja notwendigerweise wiederholt und damit unfreiwillig gestärkt. Wie kann man gegen Falschmeldungen vorgehen? »Spannt den Lügnern das Publikum aus!«, empfiehlt Sebastian Herrmann in seinem Kommentar in der *Süddeutschen Zeitung*: »Die Korrektur von Fehlinformationen hinterlässt immer eine Lücke im Geist. Diese muss mit neuen Informationen überschrieben werden, allenfalls bleibt die Lüge haften.« Beispielsweise kann man in der Berichterstattung über Desinformationen die Hintergründe derselben sowie die Motive der Urheber aufzeigen und auf die tatsächlichen Zusammenhänge hinweisen.

Als wie glaubhaft eine Information eingestuft wird, hängt zudem davon ab, wie vertrauenswürdig die Quelle erscheint. Wähler wissen, dass Parteien kein gutes Haar an der Konkurrenz lassen und gern Schmutzkübelkampagnen führen. Glaubwürdiger wirken Vorwürfe, wenn sie von Insidern oder einem *Whistleblower* stammen – oder noch besser: Wenn sich der Betreffende selbst belastet.

Wer Propaganda macht, arbeitet mit Informationen – diese zu beschaffen, stellt einen wichtigen Arbeitsbereich dar. Manchmal hat man Glück und erhält von der Gegenseite (unbeabsichtigt) wertvolle Interna. Bisweilen reicht ein Vertippen bei der Mailadresse oder ein unfreiwilliges Aktivieren des Handys, während man ein brisantes Gespräch führt. Abgesehen von Zufallstreffern setzen Propagandisten im Frieden wie im Krieg auf Spionage: Über Hackerangriffe lassen sich Dokumente wie Strategiepapiere und E-Mails beschaffen; kompromittierendes Material wird dann den Medien zugespielt oder auf anderen Kanälen »geleakt«, wobei der Zeitpunkt der Veröffentlichung so gewählt wird, dass eine maximale Wirkung zu erwarten ist. Denselben Zweck erfüllen in aller Heimlichkeit produzierte Ton- oder Videoaufnahmen.

Bilder sagen bekanntlich mehr als tausend Worte. Sie sprechen Menschen stärker auf der emotionalen als auf der rationalen Ebene an, werden vom Gehirn schneller verarbeitet als Texte und erreichen auch jene, die die Sprache nicht beherrschen. Beliebt ist – man denke nur an die im Internet kursierenden *Memes* – die Kombination von Bild und knackigem Text.

Fotografien werden oft für Momentaufnahmen der Wirklichkeit gehalten, sind aber nicht zwangsläufig authentisch. Meist steckt eine ausgeklügelte Bildkomposition dahinter und es wird viel Subtext vermittelt, beispielsweise wenn sich Politiker beim Sport, mit der Familie oder am Würstelstand ablichten lassen. Fotos zeigen lediglich Ausschnitte der Wirklichkeit, und sie können außerdem gefälscht sein. Nicht nur der sowjetische Diktator Josef Stalin (1878–1953) ließ in Ungnade gefallene frühere Wegbegleiter von der Bildfläche retuschieren. Ein berühmtes Beispiel dafür ist das am 5. Mai 1920 vor dem Moskauer Bolschoi-Theater geschossene Foto, das den Revolutionsführer Wladimir Iljitsch Lenin (1870–1924) bei einer Rede zeigt. Neben dem Podest standen Leo Dawidowitsch Bronstein (Trotzki, 1879–1940) und Lew Kamenew (1883–1936). Im Machtkampf mit Stalin unterlag Trotzki; er wurde 1927 aus der Kommunistischen Partei der Sowjetunion ausgeschlossen. Auf besagtem Foto wurden er und Kamenew nachträglich durch fünf Holzstufen ersetzt.

Falschmeldungen werden häufig mit Archivbildern oder aus dem Zusammenhang gerissenen Aufnahmen verknüpft. Ende September 2019 verbreiteten Gegner der Klimaaktivisten in den sozialen Medien unter dem Titel »Die Klimaretter gestern in Innsbruck« ein Foto, das angeblich den von »Fridays for Future«-Demonstranten hinterlassenen Müll zeigte. Das Foto stammte jedoch aus Süditalien und hatte nichts mit der Demonstration zu tun.

Und was ist mit dem zweiten von Kleist genannten Grundsatz? »Was das Volk nicht weiß, macht das Volk nicht heiß.« Unliebsame Informationen werden daher gern vertuscht, dementiert und als unwahr abgetan (bis die Beweislast erdrückend scheint). »Niemand hat die Absicht, eine Mauer zu errichten«, erklärte der DDR-Staatsratsvorsitzende Walter Ulbricht (1893–1973) Mitte Juni 1961 vor über 300 Journalisten. Mitte August begann der Bau der Berliner Mauer. 1998 beteuerte der damalige US-Präsident Bill Clinton (* 1946): »Ich hatte keine sexuelle Beziehung zu Monica Lewinsky.«

Das bekannteste Mittel der Informationsunterdrückung ist die Zensur. Die direkte Zensur überwacht den *output* der Medien, indem Berichte vor ihrer Veröffentlichung den Zensurstellen vorgelegt werden müssen, während die indirekte Zen-

Das berühmte Foto von Grigorij Gol'dštejn vom 5. Mai 1920, links im Original und rechts ohne die beiden auf der Treppe Stehenden

sur beim *input* der Medien ansetzt: Sie kontrolliert, welche Informationen an Medienvertreter gelangen. Das erfolgt über Informations- und Zugangsverweigerung, etwa, wenn man Journalisten daran hindert, sich vor Ort ein Bild des Geschehens zu machen. Beide Techniken wenden die Machthaber im Sinne der Meinungslenkung selektiv an, indem verlässliche Medien und regimetreue Journalisten durchaus Informationen erhalten, als »unbotmäßig« bekannte Fragesteller jedoch u. a. von Pressekonferenzen ausgeschlossen werden. Denn wer nicht dabei war, kann hinterher nicht kritisch darüber berichten.

Selbst mitten in Europa versuchen manche Regierende, die Medien auf ihre Linie zu bringen, beispielsweise Viktor Orbán in Ungarn, weshalb diese Form der Medienpolitik gelegentlich schon als »Orbanisierung« bezeichnet wird. Und in den USA, deren Präsident Donald Trump auf Kriegsfuß mit kritischen Medien steht? Dort verbietet der 1791 verabschiedete Erste Zusatzartikel der US-amerikanischen Verfassung (*First Amendment* der *Bill of Rights*) dem Kongress, ein Gesetz zu verabschieden, welches die Meinungs- und Pressefreiheit einschränken könnte.

Werden die Medien vom Staat kontrolliert, finden Akteure dennoch Mittel und Wege, der Regierungslinie widersprechende Botschaften zu verbreiten. Im napoleonischen Frankreich musste Polizeiminister Joseph Fouché seinem Dienstherrn Napoleon am 1. September 1808 mitteilen: »Die Arbeiterklasse bekennt lautstark ihre Unzufriedenheit mit der Konskription [Einberufung zur Armee]. Man hat kleine versiegelte Schriften unter sie verteilt, die handgeschriebene Hetzereien enthielten.« Heutzutage vernetzen sich Mitglieder von Protestbewegungen oft online, worauf die Machthaber mit rigiden Maßnahmen reagieren: Die iranische Regierung schaltete aufgrund landesweiter Proteste im November 2019 das Internet einfach komplett ab.

In Hitler-Deutschland war die öffentliche Kommunikation durch den NS-Staat eingeschränkt und überwacht. Die Medien waren »gleichgeschaltet«, das Hören von sogenannten »Feindsendern« wie etwa der britischen BBC war streng verboten, und der freie Meinungsaustausch wurde mit aller Gewalt unterdrückt. Dennoch riskierten Einzelne ihr Leben, um das Informationsmonopol der Nationalsozialisten zu durchbrechen. Die Mitglieder der Widerstandsgruppe »Weiße Rose«, zu deren Kern Hans (1918–1943) und Sophie Scholl (1921–1943) gehörten, verteilten ab dem Sommer 1942 in München Flugblätter, in denen sie zum Widerstand gegen die Nationalsozialisten aufriefen: »Hitler kann den Krieg nicht gewinnen, nur noch verlängern«, hieß es 1943 in dem Flugblatt *Aufruf an alle Deutsche!*:

> Trennt Euch rechtzeitig von allem, was mit dem Nationalsozialismus zusammenhängt! Nachher wird ein schreckliches, aber gerechtes Gericht kommen über die, so sich feig

Flugblätter der Widerstandsbewegung in Deutschland.

A u f r u f a n a l l e D e u t s c h e !

Der Krieg geht seinem sicheren Ende entgegen. Wie im Jahre 1918 versucht die deutsche Regierung alle Aufmerksamkeit auf die wachsende U-Bootgefahr zu lenken, während im Osten die Armeen unaufhörlich zurückströmen, im Westen die Invasion erwartet wird. Die Rüstung Amerikas hat ihren Höhepunkt noch nicht erreicht, aber heute schon übertrifft sie alles in der Geschichte seither Dagewesene. Mit mathematischer Sicherheit führt Hitler das deutsche Volk in den Abgrund. H i t l e r k a n n d e n K r i e g n i c h t g e w i n n e n , n u r n o c h v e r l ä n g e r n ! Seine und seiner Helfer Schuld hat jedes Mass unendlich überschritten. Die gerechte Strafe rückt näher und näher !

Was aber tut das deutsche Volk? Es sieht nicht und es hört nicht. Blindlings folgt es seinen Verführern ins Verderben. Sieg um jeden Preis, haben sie auf ihre Fahne geschrieben. Ich kämpfe bis zum letzten Mann, sagt Hitler - indes ist der Krieg bereits verloren.

Deutsche! Wollt Ihr und Eure Kinder dasselbe Schicksal erleiden, das den Juden widerfahren ist? Wollt Ihr mit dem gleichen Masse gemessen werden ,wie Eure Verführer? Sollen wir auf ewig das von aller Welt gehasste und ausgestossene Volk sein? Nein! Darum trennt Euch von dem nationalsozialistischen Untermenschentum! Beweist durch die Tat, dass Ihr anders denkt! Ein neuer Befreiungskrieg bricht an. Der bessere Teil des Volkes kämpft auf unserer Seite. Zerreisst den Mantel der Gleichgültigkeit, den Ihr um Euer Herz gelegt! Entscheidet Euch, e h ' e s z u s p ä t i s t !

Faksimile des V. Flugblatts der »Weißen Rose«

und unentschlossen verborgen hielten. […] Nur in großzügiger Zusammenarbeit der europäischen Völker kann der Boden geschaffen werden, auf welchem ein neuer Aufbau möglich sein wird.

Am 18. Februar 1943 – am selben Tag brüllte Propagandaminister Joseph Goebbels im Berliner Sportpalast die berüchtigten Worte »Wollt ihr den totalen Krieg?« ins Publikum – legten die Geschwister Scholl im Hauptgebäude der Ludwig-Maximilians-Universität ein weiteres Flugblatt aus. Zuletzt warf Sophie einen Stapel Flugblätter in den Lichthof hinab. Ein regimetreuer Hausmeister stellte die beiden; sie wurden der Geheimen Staatspolizei (Gestapo) übergeben. Hans und Sophie Scholl sowie kurz darauf Christoph Probst (1919–1943) wurden festgenommen. Nur wenige Stunden nach dem Schauprozess vor dem berüchtigten Volksgerichtshof wurden alle drei am 22. Februar hingerichtet; weitere Mitglieder teilten ihr Schicksal.

Die NS-Führung duldete keinerlei Widerspruch. 1938 wurde im Strafrecht der Tatbestand der »Zersetzung der Wehrkraft« eingeführt. Darunter fielen Kriegsdienstverweigerung, Selbstverstümmelung sowie defätistische Äußerungen wie etwa Zweifel am Regime. Noch kurz vor dem Kriegsende am 8. Mai 1945 wurde Mitte April in Nürnberg die Inhaberin eines kleinen Geschäftes erschossen, nachdem sie Hitler einen Verbrecher genannt und sich die Amerikaner herbeigewünscht hatte, um den unsinnigen Krieg zu beenden; eine Kundin hatte sie verraten. Am 21. April verkündete Goebbels, mit allen Mitteln gegen »Provokateure und verbrecherische Elemente« einschreiten zu wollen.

Als letztes Printmedium des »Dritten Reiches« erschien in Berlin die Frontzeitung *Der Panzerbär*, in deren erster Nummer stand: »Merkt Euch! Jeder, der Maßnahmen, die unsere Widerstandskraft schwächen, propagiert oder gar billigt, ist ein Verräter! Er ist augenblicklich zu erschießen oder zu erhängen.« Während Hitler und Goebbels angesichts der vorrückenden Roten Armee bereits ihren Selbstmord in die Wege leiteten, wurden noch immer Menschen grausam ermordet, weil sie am »Endsieg« zu zweifeln wagten.

Das heutige China wiederum ist auf dem Weg zum ultimativen Überwachungsstaat. Dort unterliegen nicht nur die Medien strikter Zensur und Kontrolle der Kommunistischen Partei, sondern auch die private Kommunikation in den sozialen Medien; ebenso versucht die Staatsführung auf die öffentliche Meinung außerhalb Chinas einzuwirken. Daher erregten die geleakten »China Cables« umso mehr Aufsehen: Diese geheimen, aus dem Führungskreis der Kommunistischen Partei stammenden Dokumente aus den Jahren 2017 und 2018 belegen, wie muslimische Uiguren in der Region Xinjiang überwacht, unterdrückt und systematisch in Umerziehungslagern (beschönigend »Fortbildungszentrum« genannt) interniert werden. Die Dokumente wurden dem Internationalen Konsortium Investigativer Journalisten (ICUJ) zugespielt und im November 2019 in westlichen Medien publiziert. Zu den ersten Reaktionen gehört die Stellungnahme des chinesischen Botschafters in London, der laut britischem *Guardian* die Dokumente als »pure Erfindung und Fake News« zurückwies. Wie verheerend sich die Unterdrückung unerwünschter Informationen auswirken kann, zeigt die COVID-19-Pandemie: Wer wie der Augenarzt Li Wenliang (1986–2020) in Wuhan frühzeitig vor einer neuen Krankheit warnte, wurde als Gerüchteverbreiter verfolgt.

Medien zwischen »Lügenpresse« und »vierter Gewalt«

Wer jemals versucht hat, sein Lieblingsthema, Hobby oder Wissensgebiet in nur fünf Minuten zusammenzufassen, weiß: Es lässt sich nicht alles sagen, was wichtig wäre. Es müssen Entscheidungen fallen: Was will ich unbedingt vermitteln, was kann gekürzt werden oder ganz entfallen? Und ja, selbst 100 Seiten sind für ein Thema wie Propaganda verflixt kurz und fordern mich heraus. Mut zur Lücke!

Journalisten geht es im Berufsalltag ständig so: Sie haben ein tolles Thema – aber nur eine halbe Seite Platz (und fertig sein sollte der Beitrag möglichst schon gestern). Wenn Medienkritiker wie Ulrich Teusch zwar nicht von einer »Lügen-«, aber doch von einer »Lückenpresse« sprechen, muss man ihnen entgegnen: Ohne Mut zur Lücke geht es nicht. Wollte die Redaktion einer Tageszeitung versuchen, annähernd alles an Nachrichten zu bringen, was wichtig ist, käme die Zeitung in Telefonbuchstärke daher. Mindestens. Kritisieren darf und muss man – da stimme ich Teusch zu – einen »Lückenjournalismus«, wenn die Auslassungen erkennbar System haben. Wenn also mit der gezielt einseitigen Auswahl und Gewichtung von Informationen sowie durch das Messen mit zweierlei Maß die Meinung des Publikums beeinflusst werden soll.

Wieso werden manche Medien als »Mainstream-« oder »Lügenpresse« beschimpft? Abgesehen von Fällen, in denen einzelne Medien durch Unwahrheiten ihre Glaubwürdigkeit verspielten, ist wiederum der Bestätigungsfehler einer der Gründe: Skeptisch betrachten wir jene Medien, deren Inhalte unseren vorgefassten Ansichten widersprechen, während das, was sich mit unserer Meinung deckt, für uns glaubwürdig klingt. Von einem Mainstream ist dann die Rede, wenn die Mehrheit der Medien zur gleichen Zeit das gleiche Thema und dies vielleicht noch auf ähnliche Art präsentiert – so entsteht der Eindruck eines Einheitsbreis oder gar einer Vorgabe »von oben«. In Wahrheit entstehen solche Dopplungen dadurch, dass sich Medien ihrerseits an bestimmten Leitmedien wie den Nachrichtensendungen von ARD und ZDF oder überregionalen Tageszeitungen wie der *Frankfurter Allgemeinen* und der *Süddeutschen Zeitung* orientieren sowie in der Auslandberichterstattung oft von Nachrichtenagenturen als (einziger) Quelle abhängig sind; knappe Personalressourcen, Aktualitätsdruck und reduzierte Recherchezeit in den Redaktionen verstärken den Synchronisierungseffekt.

Vom Publikum wird dies als Einschränkung der veröffentlichten Meinung wahrgenommen: Alle sagen das Gleiche! Das ist kein Zufall! Und schon ist der Weg nicht mehr weit zur Verschwörungstheorie, die Medien würden von geheimen Kräften instrumentalisiert, um das Publikum zu täuschen. Das Hinterfragen der und die konstruktive Kritik an Medien ist ebenso wichtig und erwünscht wie die Selbstreflexion der Medienvertreter, was ihre Rolle in der politischen Kommunikation betrifft. Aber um zielführend zu sein, muss Medienkritik faktenorientiert und differenziert erfolgen; polemisierende, pauschale Vorwürfe bringen uns nicht weiter.

Was zum Thema Propaganda wichtig ist: Medien liefern kein vollständiges, objektives Abbild der Wirklichkeit. Bereits 1922 schrieb Walter Lippmann in *Die öffentliche Meinung*: »Jede Zeitung ist im Augenblick, wo sie den Leser erreicht, das Endergebnis einer ganzen Reihe von Auswahlvorgängen, die bestimmen, welche Artikel an welcher Stelle mit wieviel Raum und unter welchem Akzent erscheinen sollen.« In den Redaktionen eintreffende Meldungen werden ausgewählt, gekürzt, gewichtet, kommentiert und korrigiert. Journalisten sind auch nur Menschen mit den erwähnten Wahrnehmungsfehlern und vorbestehenden Meinungen; zudem hat der Verleger das Recht, die politische Tendenz seiner Zeitung (in Österreich Blattlinie genannt) vorzugeben. Was von seriösem Journalismus aber erwartet werden darf, ist professionelles, verantwortungsvolles Arbeiten gemäß der journalistischen Sorgfaltspflicht: Dazu zählen die gründliche Prüfung der Information (Check, Re-Check, Double-Check), das Einholen weiterer Meinungen oder die Trennung von Kommentar und Bericht. Man muss außerdem abschätzen, ob Persönlichkeitsrechte verletzt werden usw. Dass es auch unter Journalisten schwarze Schafe gibt, ist klar. Für Aufsehen sorgte 2018 der *Spiegel*-Reporter Claas Relotius (* 1985), der einräumen musste, mehrere Geschichten erfunden oder Fakten verzerrt zu haben. Aufgedeckt wurde der Fall von seinem Reporterkollegen Juan Moreno (* 1972).

Warum sind Medien in der politischen Kommunikation so wichtig, dass sie in diesem Buch sogar ein eigenes Kapitel bekommen? Weil ein Sender ohne Medien als Vermittler nur einen begrenzten Empfängerkreis erreichen könnte, beispielsweise durch eine Rede vor Publikum. Sehr viel mehr Personen kann er ansprechen, wenn die Rede in der Zeitung abgedruckt oder im Fernsehen übertragen wird. Wer Propaganda betreibt, kommt an traditionellen und neuen Medien nicht vorbei. Ein Schlüsselwort dabei ist Medienpräsenz: Nur wer wahrgenommen wird, kann für sich und seine Ziele werben. Der Agenda-Setting-Theorie nach lenken die Massenmedien durch Themenauswahl und Schwerpunkte die Aufmerksamkeit der Empfänger auf bestimmte Inhalte. So beeinflussen sie, *welche* Themen gerade als wichtig wahrgenommen werden. Politischen Akteuren ist aus nachvollziehbaren Gründen daran gelegen, die Themen zu setzen, denn sie wollen die Aufmerksamkeit von Medien und Wählern auf exakt jenes Thema lenken, bei dem sie beim Wähler zu punkten hoffen. Rechtspopulistische Parteien profitierten beispielsweise von der »Flüchtlingskrise«, und sie heizen das Angstthema Migration weiterhin an. Hingegen kam den Grünen 2019 sowohl bei den Europawahlen wie auch auf nationaler Ebene die Präsenz des Themas Klimaschutz entgegen, bei dem ihnen höchste Kompetenz zugeschrieben wird.

Wer ständig in den Medien ist, erscheint bedeutsam; die Leute reden über die Person und hören ihr bereitwilliger zu. Das gilt zum Beispiel für die schwedische Klimaschutzaktivistin Greta Thunberg (* 2003) und die »Schulstreiks für das Klima« (Fridays for Future): Erst durch die mediale Aufmerksamkeit erreichte Thunberg die Berühmtheit, die es ihr ermöglicht, sich u. a. auf internationalen Klimakonferenzen Gehör zu verschaffen. Die Schattenseite ihrer Bekanntheit ist, dass sie zur Zielscheibe von Klimawandelleugnern wurde, die die Jugendliche hasserfüllt auf niedrigstem Niveau attackieren.

Aber auch Terroristen nutzen die Medien. Der ägyptische al-Qaida-Führer Ayman al-Zawahiri (* 1951) mahnte 2005 in

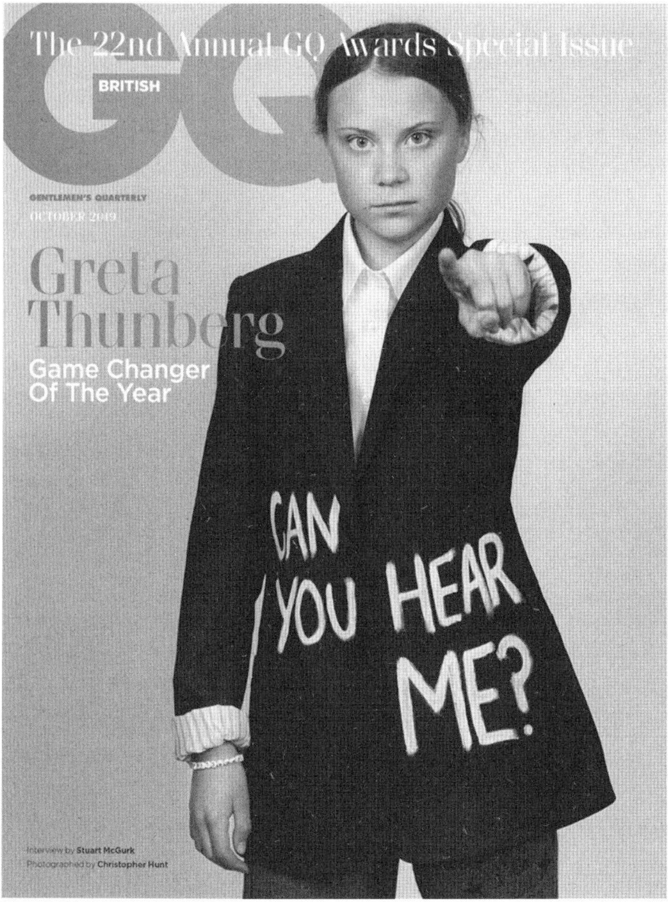

Die Klimaschutzaktivistin Greta Thunberg auf dem Cover der britischen Zeitschrift *Gentlemen's Quarterly*, kurz *GQ* (Oktober 2019)

einem Brief an die irakische al-Qaida-Führung, dass »mehr als die Hälfte dieses Kampfes in den Medien stattfindet und wir uns in einem Medien-Kampf befinden, in einem Wettlauf um die Herzen und Gemüter unserer Gemeinschaft«. Wie Daniel Busche zur *Sicherheitspolitischen Kommunikation in Bezug auf Terrorismus* erklärt, spielen Presse, TV und Internet im Kalkül der Terroristen »eine entscheidende Rolle, denn ohne die massenmediale Berichterstattung würde terroristisches Handeln weitgehend ins Leere laufen«. Anschläge haben einen hohen Nachrichtenwert, und Medien müssen das Informationsbedürfnis des Publikums befriedigen; dennoch sind Journalisten gefordert, dabei sensibel vorzugehen. Terroristen wollen eine Bühne; sie wollen zweifelhaften Ruhm. Also sollte ihnen das soweit möglich verwehrt werden.

Wie das geht, zeigte Neuseelands Premierministerin Jacinda Arden (* 1980) nach dem Anschlag auf zwei Moscheen in Christchurch im März 2019. »Nennen Sie die Namen derer, die ihr Leben verloren, statt des Namens des Mannes, der sie auslöschte«, forderte sie. Vor dem Prozess gegen den Attentäter verständigten sich die großen neuseeländischen Medienhäuser darauf, ihm keine Plattform für die Verbreitung von rassistischen und terroristischen Gedanken bieten zu wollen.

Wie können politische Akteure sich und ihr Thema in die Medien und darüber im zweiten Schritt an die Empfänger bringen? Ein korrekter Weg ist die Aussendung einer Pressemitteilung. Nur: In den Redaktionen treffen täglich viele solcher Rundschreiben ein, denn die Konkurrenz schläft bekanntlich auch nicht, und der Platz ist nicht nur auf der Titelseite knapp bemessen. Die Entscheidung über den Nachrichtenwert der gelieferten Informationen fällt in den Redaktionen: Wen interessiert das Thema, ist es veröffentlichungswürdig oder kommt es in die (virtuelle) Rundablage? Sender müssen ihre Botschaften attraktiv formulieren und deren Bedeutung herausarbeiten, damit sie aus der Masse herausstechen und von den Medien aufgegriffen werden.

Ein ebenso knappes, wertvolles und heiß umkämpftes Gut ist die Aufmerksamkeit des Publikums. Im alltäglichen Unterhaltungs(über)angebot kann Politik – solange keine innenpolitische Bombe platzt wie bei der Ibiza-Affäre, die beispielsweise der »Zeit im Bild« des ORF im Mai 2019 Traumquoten bescherte – vergleichsweise fad wirken; daher werden politische Inhalte zunehmend auf leicht verdauliche Häppchen reduziert und beispielsweise mit Anekdoten aus dem Privatleben der Akteure aufgepeppt. Das Entertainment rückt in den Vordergrund, sachliche Inhalte hingegen in die zweite Reihe.

Wie man sieht, haben es Sender nicht leicht, ihre Information in den Medien zu platzieren. Da kann es von Vorteil sein, wenn man jemanden kennt, der jemanden kennt, der ... Die Rede ist von persönlichen Beziehungen und Netzwerken, die von Politikern, Journalisten und PR-Beratern schon berufsbedingt gepflegt werden. Ein Näheverhältnis zu einzelnen Journalisten ermöglicht es Propagandisten, ihre Botschaft auf kurzen, informellen Wegen weiterzuleiten oder diesen (wie in einer klassischen Intrige) Informationen zuzuspielen. So können sie beispielsweise einem politischen Konkurrenten mit deren Veröffentlichung schaden, ohne selbst als Akteur in Erscheinung zu treten. Näheverhältnisse können aber – wenn erkennbar – ein Geschmäckle haben.

In seinem Buch *Meinungsmacht* (2013) wies Uwe Krüger für die Jahre 2007 bis 2009 bedenkliche Verflechtungen zwischen den Eliten des deutschen Journalismus und jenen aus Politik und Wirtschaft nach. Stark in deren Netzwerke eingebundene

Journalisten vertraten eher die Meinungen ihrer einflussreichen Freunde, und in der Auslandsberichterstattung ließen sich teils Verzerrungen und Tabus feststellen, die der Rücksicht auf das eigene Außenministerium oder Verbündete geschuldet waren.

Ein anderer, ziemlich sicherer Weg auf die Titelseiten führt über Skandale und Provokation. In der politischen Kommunikation werden oft bewusst Konflikte inszeniert und Vorfälle zum Skandal aufgebauscht, um Aufmerksamkeit zu erlangen. Das gelingt auch gut durch gezielte Provokation, wie gerade Rechtspopulisten immer wieder erfolgreich demonstrieren. Medien geraten dabei in ein Dilemma: Berichten sie über eine Normen und Werte verletzende (beispielsweise rassistische) Aussage *nicht*, könnte man ihnen stillschweigende Zustimmung vorwerfen; aber auch wenn sie die fragwürdige Aussage scharf kritisieren, spielen sie dem Sender in die Hände, da sie seiner Äußerung Raum geben und seine Botschaft wiederholen. Dabei wird zudem die Verschränkung verschiedener Medien sichtbar: Trumps ausfallende Tweets werden nicht nur von Twitter-Usern gelesen, sondern von Nachrichtenredaktionen sowie Late Night Shows aufgegriffen und teils bissig kommentiert – und damit einem noch größeren Publikum bekanntgemacht. Provokateure folgen häufig dem Muster, zunächst für Empörung zu sorgen und ihre Aussage angesichts des (durchaus einkalkulierten) Sturms der Entrüstung – das Ziel größter Aufmerksamkeit ist erreicht – zu relativieren oder zurückzunehmen. Zu guter Letzt inszenieren sie sich gar als Opfer, das von seinen politischen Gegnern absichtlich falsch verstanden worden sei.

Es gibt noch weitere unlautere Methoden, die mediale Berichterstattung zu beeinflussen, zum Beispiel durch politische Macht oder durch Geld. Macht definiert der Soziologe Max

JournalistInnen leben gefährlich

Ahmed Hussein-Suale (Ghana) wurde im Januar 2019 von Unbekannten erschossen, nachdem er Korruption im ghanaischen Fußball aufgedeckt hatte. †

Ali Sher Rajpar (Pakistan) berichtete über Korruption und beantragte wenige Tage vor seiner Ermordung im Mai 2019 vergeblich Polizeischutz. †

Wadim Komarow (Ukraine) berichtete über Korruption in der Stadt Tscherkassy. Er wurde im Mai 2019 brutal zusammengeschlagen und starb wenige Wochen später an seinen Kopfverletzungen. †

Daphne Caruana Galizia (Malta) berichtete in ihrem Blog über Regierungskorruption, Bestechung und illegalen Handel. Sie wurde im Oktober 2017 durch eine Autobombe ermordet. †

Jamal Khashoggi (Saudi-Arabien), ein regimekritischer Journalist, wurde im Oktober 2018 im saudischen Konsulat in Istanbul ermordet. †

Ján Kuciak (Slowakei) wurde im Februar 2018 zusammen mit seiner Verlobten Martina Kušnírová in seiner Wohnung erschossen. Er hatte u. a. über die Machenschaften der italienischen Mafia in der Slowakei und den Missbrauch von EU-Mitteln berichtet.

Der kurdische Reporter **Bachtijar Haddad**, der französische Journalist **Stéphan Villeneuve** sowie ihre Schweizer Kollegin **Véronique Robert** wurden im Juni 2017 im umkämpften Mossul (Irak) durch eine Minenexplosion getötet.

Miroslava Breach Velducea (Mexiko) wurde im März 2017 in Chihuahua erschossen. Die Reporterin hatte über das organisierte Verbrechen und die Korruption der dortigen Regierung berichtet.

941 Medienschaffende wurden in den vergangenen 10 Jahren getötet.

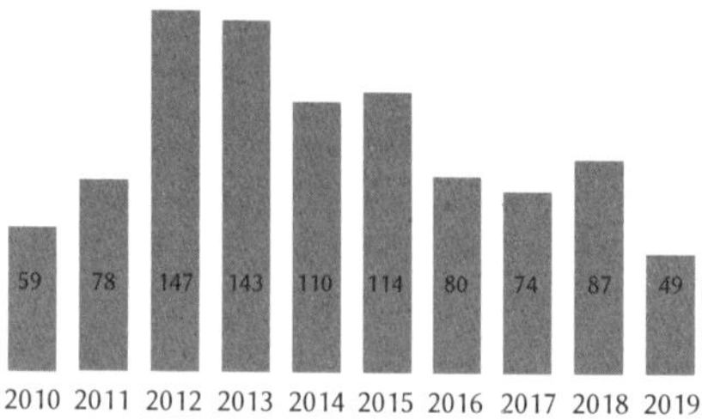

Die überwältigende Mehrheit der Todesfälle ist bis heute nicht aufgeklärt.

Quelle:
Reporter ohne Grenzen (Jahresbericht 2019)

»Wir haben es [in Österreich] mit einer Politik zu tun, die die Presseförderung ganz bewusst klein hält und lieber nach Gutsherrenart Inserate verteilt, in der (mitunter vergeblichen) Hoffnung, sich solcherart eine gute Nachrede im betreffenden Blatt zu sichern.«

Andreas Koller, *Journalismus. Macht. Wirklichkeit. Wozu Journalismus dient. Woran er krankt. Und was er mit der Politik zu tun hat*, Wien 2017

Weber (1864–1920) als »jede Chance, innerhalb einer sozialen Beziehung den eigenen Willen auch gegen Widerstreben durchzusetzen«. Manche Politiker bzw. deren für die Pressearbeit verantwortliche Mitarbeiter üben Druck auf Medienvertreter aus: Exemplarisch erwähnt sei eine 2019 unter österreichischen Journalisten durchgeführte Umfrage, der zufolge 45 Prozent von ihnen die Pressefreiheit in Gefahr sehen, wobei fast jeder Zweite angab, in den letzten sechs Monaten persönlich von internen oder externen Interventionen betroffen gewesen zu sein. Sieht man sich die weltweite Lage an, zeichnet sich ein erschütterndes Bild. Der Beschwerdeanruf in der Redaktion nach missliebiger Berichterstattung gehört fast zum Standardrepertoire der Propagandisten. Doch im schlimmsten Fall werden Journalisten, die mutig Korruption und Politskandale aufdecken, selbst innerhalb Europas brutal ermordet – nicht nur, um sie zum Schweigen zu bringen, sondern auch, um ihre Kollegen einzuschüchtern.

Ein beliebtes Druckmittel ist das Geld, denn Medien sind Unternehmen und auf Einkünfte angewiesen: Sie leben von zahlenden Kunden, Werbeeinnahmen sowie staatlicher Presseförderung. Erst vor wenigen Jahren fand der bereits erwähnte Uwe Krüger in deutschen Medien teils »merkwürdige Parallelen zwischen Anzeigenschaltung und Berichterstattung«, und zwar nicht nur bei sogenannten Boulevard-, sondern auch bei Qualitätsmedien. Er führt in seinem Buch *Mainstream* (2016) eine Umfrage des Allensbach-Instituts von 2014 an, in der die befragten Zeitungsjournalisten neben dem Zeitmangel für Recherche die Rücksichtnahme auf wirtschaftliche Interessen des eigenen Medienhauses als größte Gefährdung der Pressefreiheit nannten. Das wirft die heikle Frage auf: Wird in manchen Redaktionen Selbstzensur geübt, um nicht die Hand zu beißen, die sie füttert?

In Bezug auf politische Propaganda sind fallbezogen und faktenorientiert Zusammenhänge zwischen teuren Anzeigen seitens politischer Akteure und positiver Berichterstattung über dieselben kritisch zu hinterfragen, auch angesichts der Wahlkämpfe der jüngeren Vergangenheit, die die Wahlkampfkosten-Obergrenze zum Teil erheblich überschritten. Aber polemische Pauschalurteile à la »alle Journalisten sind gekauft« sind fehl am Platz, zumal sie ein Schlag ins Gesicht all jener engagierten Journalisten sind, die ihren Job nach bestem Wissen und Gewissen machen und dabei viel zu oft unter Druck gesetzt, verfolgt, verhaftet oder sogar ermordet werden.

Unbestritten ist, dass Machthaber über finanzielle Zuwendungen – oder die Drohung, solche zu streichen – Druck ausüben können. Als neugewählter Präsident Brasiliens kündigte Jair Bolsonaro (* 1955) 2018 an, er wolle kritische Zeitungen nicht mehr durch staatliche Werbung unterstützen. »Diese Zeitung ist erledigt«, sagte er über die Zeitung *Folha de S. Paulo*, die zu seinen Hauptkritikern gehört.

Wie reagieren seriöse Medienvertreter auf Beeinflussungsversuche seitens der Politik? Oft allergisch. Im Herbst 2012 rief

Hans Michael Strepp (*1967) als CSU-Parteisprecher in der *heute*-Redaktion an und forderte, dass die Nachrichtensendung nicht über den Landesparteitag der SPD (!) berichten solle. Andernfalls werde dies »Diskussionen nach sich ziehen«, drohte Strepp. Das ZDF wehrte sich, indem es den Vorfall publik machte; Strepp musste zurücktreten. In einem behielt er recht: Zu Diskussionen kam es tatsächlich, nämlich über die Pressefreiheit und Interventionen seitens der Politik.

Mit freien, unabhängigen und selbstbewussten Medien haben es politische Akteure also nicht immer leicht. Sie wirken als Filter, können Themen aufnehmen oder ablehnen; und manche Journalisten bringen Politiker mit hartnäckigen Fragen vor laufender Kamera in Erklärungsnot. Es ist nicht wirklich verwunderlich, dass gerade jene politischen Akteure, die es mit der Wahrheit nicht so genau nehmen – was wiederum Journalisten mittels Faktenchecks aufzeigen – kritische Medien als Verbreiter von »Fake News« oder als »Lügenpresse« abzuwerten versuchen. »Glauben Sie mir«, beschwört Donald Trump sein Publikum immer wieder. Ihm, nicht den als »Volksfeind« beschimpften allzu kritischen Medien sollten seine Anhänger vertrauen, am besten sollen sie mit seinen Aussagen widersprechenden Informationen gar nicht erst in Berührung kommen.

Indem man eigene Medien gründet, kann man diesen Filter umgehen. Die Ära der Parteizeitungen schien zu Beginn der 1990er Jahre vorbei zu sein, doch im 21. Jahrhundert sind sie wieder aufgetaucht, und zwar vorwiegend im Internet: Facebook, Twitter, YouTube & Co. bieten staatlichen wie nichtstaatlichen Akteuren eine Kommunikationsplattform. Und als Plattform wollen die Betreiber die sozialen Medien unbedingt verstanden wissen, nicht als Presseorgan. Denn: Klassische

Medien unterliegen dem Medienrecht und müssen Verantwortung für ihre Inhalte übernehmen; eine Verantwortung, die soziale Medien teils bewusst umgehen wollen. Neben der Reichweite und der rasanten Verbreitung der Botschaften sind es gerade die mangelnden Faktenchecks, die solche Plattformen für Propaganda und Desinformationskampagnen attraktiv machen, zumal Falschmeldungen auch auf Aufforderung hin entweder gar nicht oder nur verspätet gelöscht werden. Angesichts der vielen *Fake News* in den Wahlkämpfen der jüngsten Vergangenheit – beispielsweise hieß es, Papst Franziskus (* 1936) habe sich 2016 für Donald Trump ausgesprochen – wird die Kritik an den sozialen Medien lauter.

Twitter kündigte im Oktober 2019 an, keine bezahlten Anzeigen für politische Themen mehr erlauben zu wollen; angesichts des bevorstehenden US-Präsidentschaftswahlkampfes und der berechtigten Angst vor Falschmeldungen zog YouTube Anfang 2020 nach und gab an, künftig manipulierte Videos im Zusammenhang mit Wahlen zu löschen, um eine »zuverlässigere« Nachrichtenquelle zu sein und einen »gesunden politischen Diskurs« zu fördern. Hingegen will Facebook-Chef Mark Zuckerberg (* 1984) unter Berufung auf die Meinungsfreiheit politische Werbeanzeigen – obwohl ihm bewusst ist, dass diese oft Desinformationen enthalten – weiterhin ungeprüft zulassen (wogegen im Oktober 2019 etliche Facebook-Mitarbeiter in einem offenen Brief an den Chef protestierten). Auch am Mikrotargeting, mittels dessen Kampagnen auf gezielt ausgewählte Nutzer zugeschnitten werden, will der Konzerngründer festhalten.

Einen Nachteil hat es, wenn politische Akteure eigene Medien nutzen: Sie werden von den Empfängern als parteiisch erkannt. Daher versuchen Sender oft, ihre Medien als unabhängig zu tarnen oder unter falscher Flagge zu segeln; beispielsweise werden in den sozialen Medien Fake Accounts eingesetzt. Verspielen die vom Propagandisten benutzten Kommunikationskanäle ihre Glaubwürdigkeit, muss er neue Vermittler für seine Botschaften finden.

Nach der gescheiterten Belagerung von Stalingrad 1942/1943 zum Beispiel verloren die von der NS-Propaganda genutzten Medien wie Presse, Rundfunk und die im Kino gezeigte *Wochenschau* zunehmend das Vertrauen der Deutschen. Angesichts bitterer Erfahrungen begannen Letztere die NS-Propaganda als das zu erkennen, was sie war. Also entwickelten die Propagandaverantwortlichen neue Strategien und kamen auf die Idee, Wehrmachtsoldaten als Menschmedien für Flüsterpropaganda einzusetzen. Wolfram Wette, Ricarda Bremer und Detlef Vogel beschreiben in ihrem Buch *Das letzte halbe Jahr* dieses besonders perfide Beispiel schwarzer Propaganda, die sogenannte Mundpropaganda-Aktion (MPA) 1944/45. Ein Probelauf startete Mitte Januar 1944 unter der Tarnbezeichnung »Semmering« in Wien; Städte wie Breslau, Berlin, Nürnberg und Hamburg folgten. »Der Frontsoldat genießt noch volles Vertrauen. Was er sagt, findet Glauben, denn ›er muß es ja wissen‹. Er darf auch bittere Wahrheiten sagen«, erläuterte Oberstleutnant Wasserfall vom »Sondereinsatz Berlin« der MPA Ende November 1944. »Alle sonstige ›Propaganda‹ bzw. die Veröffentlichungen, Vorträge usw., die als ›Propaganda‹ empfunden werden, begegnen nur dem größten Mißtrauen oder gänzlicher Ablehnung.« Die Propagandasoldaten waren meist zu zweit unterwegs – oft einer in zivil, der andere in Uniform, dann gaben sie vor, sich nicht zu kennen – und suchten das Gespräch mit der Bevölkerung. Sie verbreiteten die vorgegebenen Parolen und dokumentierten gleichzeitig in

Stimmungsberichten die Aussagen ihrer Gesprächspartner, damit die Propagandaleitung darauf reagieren konnte – oder jene verhaften lassen konnte, die sich dem Regime gegenüber kritisch zu äußern gewagt hatten.

Medien werden nicht nur von Sendern benutzt, sondern sind als Akteursgruppe aktiv am Spiel beteiligt. Die Macht der veröffentlichten Meinung verleitet manche Inhaber von Medienkonzernen oder einzelne Journalisten dazu, mit Kampagnen auf politische Entscheidungen hinzuarbeiten oder bestimmte Kandidaten und Parteien zu unterstützen. In den 1920er und 1930er Jahren gingen Zeitgenossen in England selbstverständlich davon aus, dass mächtige »Pressebarone« mit ihren boomenden Boulevardzeitungen innen- und außenpolitische Entscheidungen beeinflussen konnten.

Einer dieser Pressebarone war Harold Harmsworth, 1. Viscount Rothermere (1868–1940), der nach dem Tod seines älteren Bruders Alfred Harmsworth, 1. Viscount Northcliffe (1865–1922) u. a. die *Daily Mail* und den *Daily Mirror* besaß. Northcliffe hatte vor dem Ersten Weltkrieg gegen das Deutsche Kaiserreich Stimmung gemacht, im Krieg die britische Feindpropaganda geleitet und danach publizistisch eine gnadenlose Abrechnung mit den Deutschen gefordert. Rothermere wiederum behauptete stolz, von der Unterstützung seiner Zeitungen hänge ab, wer Premierminister werde. Damit dürfte er seine tatsächliche Macht zwar überschätzt haben, aber Massenmedien können Themen (be)setzen, ein gesellschaftliches Klima erzeugen und mit ihrer Berichterstattung Feindbilder schüren, womit sich der Bogen zu heutigen (Boulevard-)Medien spannen lässt. Wie viel die Unterstützung einer auflagenstarken Zeitung wert ist, rechnete der damalige FPÖ-Chef Heinz-Christian Strache (* 1969) einer vermeintlichen Oligarchennichte im 2017 aufgenommenen Ibiza-Video vor: Wenn sie wenige Wochen vor der Nationalratswahl die *Kronen Zeitung* übernehme und »dieses Medium auf einmal uns pusht [...], dann machen wir nicht 27, dann machen wir 34 Prozent.«

Zu den vermutlich wichtigsten Aufgaben des Journalismus in Demokratien zählt, das politische Geschehen zu hinterfragen und zu kommentieren sowie aufzudecken, was die Mächtigen verschweigen wollen. Das erklärt die idealtypische Bezeichnung der Medien als »vierte Gewalt« im Staat (neben Exekutive, Legislative und Judikative). Zwar haben sie keinen verfassungsrechtlichen Rang, aber sie dienen als Korrektiv. Korruptionsfälle und Politskandale zeigen immer wieder aufs Neue, wie entscheidend eine wirksame Kontrolle der Macht ist – obwohl manche politische Akteure versuchen, *Whistleblower* als Verräter zu diffamieren und investigativen Journalismus, der sich auf Redaktionsgeheimnis und Quellenschutz beruft, ins kriminelle Eck zu rücken. In Zeiten der Desinformation und *Message Control* ist unabhängiger und selbstbewusst agierender Qualitätsjournalismus, der hinterfragt und analysiert, wichtiger denn je. Das ist freilich rechercheintensiv und erklärt, warum guter Journalismus nicht immer gratis zu haben ist.

Allerdings zeigt sich im Machtverhältnis zwischen Medien und Politik eine deutliche Schieflage: Während viele Redaktionen ums wirtschaftliche Überleben kämpfen, zumal Werbeeinnahmen verstärkt ins Internet fließen, und Personal einsparen müssen, vergrößern Parteien (mit Steuergeld) ihre Abteilungen für PR- und Öffentlichkeitsarbeit. Da sie Unsummen in PR und *Message Control* investieren, können sie den Redaktionen über ihre Presseabteilungen quasi druckfertiges Text- und Bildmaterial senden, das vor allem aus Zeitmangel und Personalnot oftmals ohne angemessene Überprüfung übernommen wird. Denn jede Schwachstelle des Journalismus wird von Propagandisten schamlos ausgenutzt. »Unser Credo bei der NATO bestand immer darin, ständig auf Sendung zu sein, die Gegenseite einfach gar nicht zu Wort kommen zu lassen, jedes erdenkliche Interview zu geben, jedes erdenkliche Briefing abzuhalten und senden zu lassen«, beschrieb Jamie Shea (*1953), der damalige Sprecher der NATO, deren PR-Strategie im Kosovokrieg 1999. »Dadurch entstand ein Überangebot, das die Fähigkeit der Medienschaffenden zu selbstständigem Recherchieren deutlich senkte. Hinzu kam die Schwierigkeit, dass Informationen aus dem Kosovo nur in Ausnahmefällen zu verifizieren waren.«

Der Vollständigkeit halber sei erwähnt, dass *Message Control* als angestrebte Steuerung der Nachrichten von den Verantwortlichen nicht nur gegenüber den Medien ausgeübt wird, sondern auch intern angewendet wird. Beispielsweise sollen einzelne Regierungsmitglieder oder Vertreter nachgeordneter Dienststellen nicht autonom mit Journalisten und Wählern kommunizieren, sondern ihr Außenauftritt wird generalstabsmäßig geplant und koordiniert, um das gewünschte stimmige Bild zu vermitteln. So wurden in der österreichischen ÖVP-FPÖ-Regierung unter Sebastian Kurz (*1986) und Heinz-Christian Strache in einer »Stabsstelle für strategische Kommunikationsplanung« wöchentliche Schwerpunktthemen festgelegt, an die sich die Minister bei ihren Auftritten in der Öffentlichkeit zu halten hatten. »›Operation Gleichklang‹ wurde diese penibel durchgetaktete Strategie intern genannt«, schreibt Eva Linsinger. Sie betont, dass es sich dabei um professionelle Kommunikation handelt, die nicht verwerflich ist – so lange ebenso professionelle Medien ein Gegengewicht bilden.

Die vielleicht besten Manipulationsstrategien

Bei der Verwendung von Superlativen ist Vorsicht angeraten, denn sie fordern zum reflexartigen Hinterfragen auf: Der beste Präsident aller Zeiten! Wirklich? Das erklärt das eingeschobene »vielleicht« in der Kapitelüberschrift.

Andere überreden und überzeugen zu wollen, ist menschlich. Wir alle setzen im Alltag selbst oft die Manipulationsstrategien ein, denen wir in der politischen Propaganda begegnen. Stellen Sie sich vor, Ihre bessere Hälfte verweigert (wie die meine) den Urlaub am Meer. Was tun? Ich probiere es mit folgenden Tricks (Erläuterung am Ende des Kapitels):

1. »Du Armer arbeitest so viel! Weißt du, was dir guttäte? Ein Urlaub am Meer!«
2. »Erinnerst du dich an unsere tolle Hochzeitsreise? Wie wäre es mit zweiten Flitterwochen?«
3. »Wir sollten ans Meer fahren, *weil* [beliebiges Argument einsetzen].«
4. Mit dem Prospekt eines Reiseanbieters unter seiner Nase: »Schau! Sieben Tage Karibik. 1800,– Euro pro Person. Wie wäre das?« Nein? »Wie wäre es mit Südfrankreich? Nur 1300,– Euro pro Person?« Noch immer nein? »Fahren wir

dann wenigstens ein langes Wochenende an die Adria um 500,– Euro pro Person?«

Das Programm läuft in der Endlosschleife. Denn wenn es eine Rangliste der besten Propagandatechniken gäbe, würden die Vereinfachung und die Wiederholung ganz weit oben stehen. Wirksam sind knackige, eingängige Slogans, die vage genug gehalten sind, damit sich jeder das Gewünschte darunter vorstellen kann.

Warum wird der PR-Berater auch als Spindoktor bezeichnet? Weil es sein Job ist, Informationen den passenden Dreh (*spin*) zu geben. Entscheidend für die Meinungsbildung ist nicht nur, welche Informationen präsentiert werden, sondern auch das *Wie* und welche Worte wir dafür wählen (*Wording*). Es macht für die Wahrnehmung einen Unterschied, ob wir beim Thema Arbeitslosigkeit über »Arbeitsuchende« oder über »Arbeitsverweigerer« und »Durchschummler« reden.

»In einzelnen Worten und Sätzen verbirgt sich immer – und zwar wirklich immer! – mehr an Bedeutung, als zunächst mit bloßem Auge erkennbar ist«, erklärt Elisabeth Wehling, die ein Buch über *Politisches Framing* geschrieben hat. Unser Gehirn aktiviert einen kognitiven Deutungsrahmen (*Frame*), um Worte und Ideen zu begreifen, wobei Wissen und Sinneszusammenhänge wie Gefühle oder Bewegungen aus unseren Erfahrungen abgerufen werden. Wie Aussagen »gerahmt« werden, was betont und hervorgehoben, welche Bezüge hergestellt werden, beeinflusst die Wahrnehmung. Es heißt, Verliebte sehen die Welt durch eine rosarote Brille. Mit einer solchen Brille ist ein *Frame* vergleichbar, wobei Propagandisten die Wahl der Brille nicht dem Empfänger überlassen, sondern ihm eine bestimmte Brille aufsetzen. Neben dem *Framing* ist noch das *Priming* (Anbahnung, Vorbereitung) zu erwähnen, das beeinflusst, wie ein nachfolgender Sinnesreiz vom Empfänger verarbeitet wird. Vor dem Pflanzen wird der Boden vorbereitet: Der Sender versetzt die Empfänger in den gewünschten emotionalen Zustand und lenkt sie subtil in eine Richtung, damit die Saat der folgenden Botschaft aufgehen kann.

Wasserrohrbruch, Seuchen, Ungeziefer: Begriffe lösen bestimmte Assoziationen und Emotionen aus und werden von Propagandisten daher mit Bedacht eingesetzt. Alexander Gauland (AfD) verglich im Februar 2016 die Situation der (illegalen) Zuwanderung mit einem »Wasserrohrbruch« und argumentierte: den »dichten Sie auch ab«. Einen Wasserrohrbruch, ja. Aber hier geht es um Menschen. Auch bei Begriffen wie »Flüchtlingsstrom« oder »-flut« gilt es zu überdenken, ob man Mitmenschen tatsächlich als bedrohlich hereinströmende Wassermassen wahrnehmen will.

Den Völkermord in Ruanda 1994, dem bis zu eine Million Angehörige der Tutsi-Minderheit und nichtradikalisierte Hutus zum Opfer fielen, bereiteten die Täter seit Oktober 1993 vor, indem sie die Tutsis in den Printmedien und über den Rundfunk als Kakerlaken und Schlangen bezeichneten. Schlangen sind in Ruanda eine Gefahr; solche durch Zerstückelung zu töten, ist für Knaben ein traditioneller Übergangsritus zur Mannwerdung. Wenn Propagandisten ganze Bevölkerungsgruppen entmenschlichen und sie mit Ungeziefer oder Krankheiten gleichsetzen, ist das ein lautes Warnsignal. Denn in der Geschichte lässt sich eine solche Sprache als Vorstufe von Völkermorden nachweisen: Immer ebnen Worte Taten den Weg. »Die Botschaft einer solchen Darstellung besteht darin, dass legitimiert werden soll, wie unsere Gesellschaft das fragliche Tier zu behandeln pflegt«, erklärt der Sprachphilosoph Jason

Stanley in *How Propaganda Works*. Und das wird auf Menschen übertragen.

Die Nationalsozialisten setzten Juden mit Ratten und Seuchen gleich. Gemäß »Godwins Gesetz« – formuliert hat es 1994 der US-amerikanische Autor Mike Godwin – landet jede Diskussion, wenn sie nur lange genug geführt wird, irgendwann bei Vergleichen mit Hitler und dem Nationalsozialismus, was dazu dienen soll, in einem letzten Akt der Verzweiflung die Argumente des anderen zu entkräften. »Wird der Name des deutschen Diktators in einem aktuellen Zusammenhang genannt, gilt dies als ein Gefahrensignal, das die unterschiedlichsten Reflexe auslöst«, schreibt Wolfram Wette, der sich mit der »Hitlerisierung« Saddam Husseins (1937–2006) in den Irakkriegen auseinandergesetzt hat. Aber auch abseits von Kriegen werden politische Gegner oft mit Hitler verglichen, der als »Inkarnation des Bösen« im Bewusstsein der Menschheit verankert ist.

Es ist wichtig, die schrecklichen Verbrechen der NS-Zeit niemals zu vergessen und den Nachkommenden Wissen darüber zu vermitteln. Damit sich verhängnisvolle Fehler der Vergangenheit nicht wiederholen, darf und soll warnend aufgezeigt werden, wenn sich besorgniserregende Parallelen zur Vergangenheit zeigen. Aber: Propagandisten geht es nicht um sachliche Aufklärung und Wissen; Propaganda soll beeinflussen und überzeugen. Durch Vergleiche mit dem Nationalsozialismus sowie dem Holocaust setzen Propagandisten ganz bewusst einen *Frame*, der negative Assoziationen und Emotionen wecken soll. Indem sie diese auf die mit Hitler verglichene Person übertragen, hoffen die Kommunikatoren ihre politischen Ziele zu erreichen.

Wie soll man auf solche Provokationen antworten? Hochemotionale Abwehrreaktionen würden die Eskalation befeuern und dem Propagandisten in die Hände spielen. Besser ist es, sachlich zu bleiben, inhaltliche Fehler aufzuzeigen und die Propagandastrategie des Gegners zu entlarven. Im Streit um abgesagte Wahlkampfauftritte türkischer Politiker in europäischen Ländern beschimpfte der türkische Staatspräsident Recep Tayyip Erdoğan (* 1954) im März 2017 die Niederländer als »Nazi-Nachfahren und Faschisten«, woraufhin der Bürgermeister von Rotterdam, Ahmed Aboutaleb (* 1961), die türkischen Kritiker fragte: »Wissen Sie überhaupt, dass ich Bürgermeister einer Stadt bin, die von den Nazis [1940] bombardiert worden ist?« Im selben Jahr warf Erdoğan auch Angela Merkel (* 1954) »Nazi-Methoden« vor. Regierungssprecher Steffen Seibert (* 1960) bezeichnete die Aussage als »erkennbar abwegig« und sagte: »Die Bundeskanzlerin hat nicht die Absicht, sich am Wettlauf der Provokationen zu beteiligen. Sie macht das nicht mit.«

Im Krieg wie im Frieden kann aus einem Freund über Nacht ein Feind (oder umgekehrt) werden. Propagandisten müssen deshalb »situationselastisch« (Wort des Jahres 2014) bleiben und ihren Anhängern selbst abrupte Kurswechsel erklären können. Zudem sind sie ständig mit Botschaften der Gegenseite konfrontiert und müssen in direkter Konkurrenz damit die eigene Sichtweise durchsetzen. Denken wir an eine im Wahlkampf stattfindende Elefantenrunde im Fernsehen: Welcher der Kandidaten überzeugt uns? Dabei geht es nicht nur um die Frage, wer in einer Sache recht hat, sondern wiederum auch um die Wahrnehmung durch die Empfänger. »Wer als Sieger aus einem Streit geht, verdankt es sehr oft, nicht sowohl der Richtigkeit seiner Urteilskraft bei Aufstellung seines Satzes, als vielmehr der Schlauheit und Gewandtheit, mit der er ihn verteidigte«, schreibt der deutsche Philosoph Arthur Scho-

Angela Merkel wurde mehrfach als Hitlerdoppelgängerin inszeniert. Hier die Titelseiten der türkischen Boulevardzeitung *Günes* (2017) und des polnischen Nachrichtenmagazins *Najwyższy Czas!* (2007).

penhauer (1788–1860), der sich im 19. Jahrhundert mit *Der Kunst, Recht zu behalten*, befasste.

Er führt diverse Kunstgriffe an, die dem Sprecher unabhängig von der objektiven Wahrheit zum Sieg verhelfen können und heutigen Strategien der »Kampfrhetorik« (bekannt ist hier u. a. das NLP, das neurolinguistische Programmieren) entsprechen. Man kann den Gesprächspartner von einem unangenehmen Thema ablenken, ihn unterbrechen oder sogar lächerlich machen; vor Publikum spielt die nonverbale Kommunikation – Gestik und Mimik – ebenfalls eine Rolle. Wer sich in einer Debatte mit sachlichen Argumenten (*argumentum ad rem*) nicht durchsetzen kann, versucht es mit Angriffen auf die Person (*argumentum ad hominem*). Die eingangs erwähnte Bertha von Suttner, die als »Friedens-« und »Judenbertha« sowie als »hysterischer Blaustrumpf« beschimpft wurde, bemühte sich, die positiven Seiten daran zu sehen: »Die letzten Witzblätter haben mich wieder tüchtig hergenommen – aber das macht mir nur Spaß und nützt der Popularität der Sache, nicht wahr? Das gefährlichste Stadium – das Totschweigestadium – hat die Friedensbewegung schon hinter sich.«

Im Umgang mit Kritikern und politischen Gegnern schrecken manche Machthaber nicht davor zurück, diese als Verräter und Terroristen darzustellen oder sogar mit Gewalt zum Schweigen zu bringen. Eine weitere Methode ist das (Cyber-)Mobbing. Heutzutage werden in den sozialen Medien einzelne oder ganze Gruppen mit Hasspostings (*Hate Speech*) attackiert. Auffällig ist, dass vor allem erfolgreiche, feministische Frauen – beispielsweise Politikerinnen und Journalistinnen, die in kontroversen Themen eine andere Meinung als die des Täters vertreten – mit wüsten, teils sexualisierten Beschimpfungen bis hin zu Vergewaltigungs- und Morddrohungen verfolgt werden, um sie aus der Diskussion zu drängen. Diese Form der Einschüchterung wird *Silencing* genannt. In solchen Fällen ist Zivilcourage gefragt; das wusste schon Bertha von Suttner: »Nicht nur die Betroffenen, sondern alle jene, denen das schreiende Unrecht weh tut […], müßten schließlich zu einem lauten Proteste sich aufraffen.«

Was tun politische Akteure, die sich berechtigterweise im Kreuzfeuer öffentlicher Kritik wiederfinden? Können Anschuldigungen weder vertuscht noch dementiert werden, wird ein *Reframing* angestrebt, also eine Umdeutung oder Neurahmung des Geschehens. Angriff ist die beste Verteidigung: Man kann vom Thema ablenken, mit dem Finger auf andere zeigen, eine Täter-Opfer-Umkehr vornehmen. Rechtsstaatliche Prozesse werden dann zum Beispiel als unfair, parteipolitisch motiviert und illegitim hingestellt (Hexenjagd), Skandale u. a. als »bsoffene Gschicht« (Heinz-Christian Strache über den Ibiza-Skandal) bagatellisiert.

Wichtig für Propaganda (und auch in der Werbung) ist das

Bertha von Suttner, im Jahr 1900 von den *Lustigen Blättern* als »die gekränkte Bertha« karikiert

Storytelling, eine gute Geschichte. Informationen, die mit Geschichten zu tun haben, verarbeiten wir besser; je dramatischer, desto größer ist die Aufmerksamkeit. Ein Kernelement ist die Emotion. Menschen treffen Entscheidungen nie rein rational, sondern vieles läuft unterhalb der Wahrnehmungsschwelle ab. »Wer in der Politik nicht in der Lage ist, Emotionen zu wecken, der ist am falschen Platz«, sagte Ex-SPD-Kanzlerkandidat Martin Schulz (*1955) Anfang 2017. Als emotionaler Schlüsselreiz ist das Kindchenschema kaum zu übertreffen; kleine Kinder und junge Tiere lösen Beschützerinstinkt und Fürsorgeverhalten bei uns aus. Bilder von Eisbärenmüttern mit ihren tapsigen Jungen, hilflos auf einer winzigen Eisscholle im weiten Meer treibend, dienen als Werbung für den Klimaschutz; dass sich Politiker gern mit Kindern und Tieren fotografieren lassen, ist kein Zufall.

Nicht erst in den letzten Jahren fällt auf, dass politische Akteure der (Selbst-)Inszenierung größte Bedeutung zumessen. Die Konzentration auf einzelne herausgehobene Personen hilft sowohl Parteien wie auch Bewegungen beim Aufbau einer Marke mit starkem Wiedererkennungswert. So wurde Greta Thunberg zu einer Identifikationsfigur und dem Idol der Klimabewegung; sie gibt Fridays for Future ein Gesicht und eine Stimme. Auf die Bedeutung einer Leitfigur für politische Bewegungen weist auch Protestforscher Martin Dolezal im Interview mit den *Salzburger Nachrichten* im November 2019 hin. Den Gelbwesten in Frankreich fehlt seiner Ansicht nach eine Greta Thunberg sowie eine klare politische Zielsetzung: »Gerade in der medialen Berichterstattung ist es von Vorteil, wenn die Bewegung eine zentrale Figur hat, die überzeugend eine gewisse Position vertritt und der man auch moralische Werte wie Ehrlichkeit zubilligt.«

Auch Parteien profitieren von der Fokussierung auf einen Spitzenkandidaten. Es werden bevorzugt »greifbare« Personen als abstrakt erscheinende Parteien gewählt, zumal man es so in der Öffentlichkeitsarbeit »menscheln« lassen kann: Man zeigt Politiker scheinbar ganz privat mit Freunden und Familie oder beim Ausüben ihrer Hobbys, was eine emotionale Bindung herstellen soll. ›Funktioniert‹ ein Kandidat beim Wahlgang nicht wie erhofft, wird meist vor dem nächsten Urnengang eine andere Person an seine Stelle gesetzt, statt die Programme und Strategien der Partei zu hinterfragen.

Diese Personalisierung kann bis zum Personenkult gesteigert werden. Der britische Historiker Ian Kershaw, der sich mit dem *Hitlermythos* beschäftigt hat, legt dar, dass »der bewusste Aufbau des ›Führermythos‹ in den Jahren nach der Neugründung der Partei [1925] eindeutig auch die Funktion [hatte], den Mangel an ideologischer Einheit und Klarheit der verschiedenen Fraktionen innerhalb der NS-Bewegung wettzumachen.« Viele Deutsche differenzierten zwischen dem verklärten »Führer« sowie der Partei und deren Größen, denen sie kritischer bis ablehnend gegenüberstanden. Das gipfelte in der »mythischen« Redensart »Wenn das der Führer wüsste« – viele wollten glauben, dass unangenehme Angelegenheiten von Hitler ferngehalten würden.

Bedenklich ist, dass auch heutzutage etliche Politiker mit der Selbstinszenierung als »starke Männer« Erfolg haben. Sie nutzen die bestehende Verunsicherung in der Gesellschaft aus und bestärken die Bürger in deren wachsender Politik- und Demokratieverdrossenheit, um sich dann als Retter der Nation zu präsentieren. Und: Sie rennen damit teilweise offene Türen ein, wie Umfragen ergeben, von denen ich exemplarisch nur zwei erwähne. In Österreich zeigt sich im Ende 2019 publizierten »Demokratie Monitor« von SORA eine im Vergleich zu 2018 leicht gestiegene Zustimmung zu autoritären Demokratievorstellungen; 22 Prozent der Befragten stimmten der Aussage zu: »Man sollte einen starken Führer haben, der sich nicht um ein Parlament und Wahlen kümmern muss.« Eine Anfang 2019 erschienene Studie der Otto-Brenner-Stiftung, die sich mit den Einstellungen der »Nachwende«-Generation in Deutschland befasst, ergab Ähnliches: »23 Prozent der jungen Westdeutschen und 26 Prozent der jungen Ostdeutschen stimmen der Aussage zu, dass es einen starken Führer geben sollte, der keiner Machtbeschränkung durch parlamentarische Kontrolle und Wahlen unterliegt.«

Stellt man wie Steven Levitsky und Daniel Ziblatt in ihrem gleichnamigen Buch die Frage, *Wie Demokratien sterben*, zeigt sich, dass es häufig die gewählten Regierungen selbst sind, die demokratische Institutionen und Prozesse aushöhlen. Gerade bei vielen an die Macht gelangten Populisten der Gegenwart zeigt sich, dass sie ihre Herrschaft in Richtung Autokratie auszuweiten versuchen. Es werden Gewaltenteilung und Rechtsstaatlichkeit untergraben, Grundrechte wie die Meinungs- und Pressefreiheit beschnitten, Oppositionsparteien verdrängt und das Wahlsystem zugunsten der Regierenden geändert. Was hindert Einzelne daran, ihre Machtposition auszuspielen, ihr Amt zu missbrauchen und sich über Gesetze hinwegzusetzen, wenn es niemanden mehr gibt, der sie davon abhalten könnte?

Freilich wollen solche Akteure die schrittweise Vernichtung der Demokratie verschleiern, bis der Umbau nahezu abgeschlossen ist und Gegenkräfte ausgeschaltet wurden. Eine beliebte Strategie ist, die schleichende Entwicklung zum autoritären Staat irreführend als Verbesserung der Demokratie

Populismus

Im politischen Spektrum ist er links wie rechts gleichermaßen zu beobachten, wobei sich der Linkspopulismus vorwiegend gegen die neoliberale Wirtschaftsordnung richtet, während der Rechtspopulismus sich gegen die Migration als freie Bewegung von Menschen wendet. Populisten zeichnen ein gespaltenes Bild der Gesellschaft: hier das gute, ausgebeutete Volk, dort die böse, korrupte Elite, die es zu bekämpfen gelte. Populisten sprechen die Wut und Unzufriedenheit jener aus, die durch die Globalisierung sowie den Wandel der Arbeitswelt und Gesellschaft etwas zu verlieren fürchten, und arbeiten dabei mit Emotionen wie Angst und Wut sowie Feindbildern. Populismus ist seiner Tendenz nach antidemokratisch und antipluralistisch, da er einen moralischen Alleinvertretungsanspruch erhebt (»Wir und nur wir sind das Volk«), Andersdenkende ausgrenzt und politischen Konkurrenten die Rechtmäßigkeit abspricht.

zu propagieren; eine Taktik, die übrigens schon die Nationalsozialisten eingesetzt haben. Bei seinem Vortrag über *Das nationalsozialistische Deutschland und seine Aufgabe für den Frieden* Ende September 1933 in Genf stellte Goebbels das totalitäre NS-Regime als eine »veredelte Art von Demokratie [dar], in der kraft Mandates des Volkes autoritär regiert wird«. Das wurde damals vielfach mit »ungläubiger Skepsis« und so manchem »ironischen Lächeln« aufgenommen, wie der Chefdolmetscher des Auswärtigen Amtes, Paul Schmidt, berichtet.

In Venezuela versprach der 1999 an die Macht gekommene, mittlerweile verstorbene Staatspräsident Venezuelas Hugo Chávez (1954–2013) im Kampf gegen die seiner Meinung nach korrupte Elite zunächst den Aufbau einer »authentischeren« Demokratie. Erst 2003 unternahm er deutliche Schritte in Richtung Autoritarismus. Bei der Wiederwahl drei Jahre später erhielt er zwar noch eine demokratische Fassade aufrecht, baute aber seine Machtposition immer weiter aus. U. a. erreichte er, dass die Begrenzung seiner Amtszeit aufgehoben wurde, und ging immer schärfer gegen die Opposition und freie Medien vor.

Problematisch ist in diesem Zusammenhang auch der Begriff der »illiberalen Demokratie«, wie sie beispielsweise Viktor Orbán (* 1963) in Ungarn eingeführt hat. Nicht nur der Politikwissenschaftler Jan-Werner Müller kritisiert scharf, dass diese Bezeichnung bewusst verharmlost und autoritären Politikern entgegenkommt; zutreffend ist es, von »beschädigten Demokratien« zu sprechen und zu verdeutlichen, dass der Schaden von den jeweiligen Regierungen bewusst herbeigeführt wurde.

Feindbilder und Sündenböcke, auf die sich negative Emotionen konzentrieren, stärken den inneren Zusammenhalt der Gruppe. Die Dämonisierung des Gegners bei gleichzeitiger Selbstüberhöhung ist in Krieg und Wahlkampf ein Grundmuster der Propaganda: Gut gegen Böse. Das sogenannte *Negative Campaigning* gehört zum professionellen PR-Handwerk und ist fester Bestandteil von Kampagnen: Man konzentriert sich auf die Kritik am Gegner, wobei man als Wähler manchmal den Eindruck gewinnt, dass dem Schlechtmachen des Konkurrenten mehr Zeit gewidmet wird als dem Herausstellen der eigenen Vorzüge. Statt: »Wählt uns, weil wir das und das leisten!« heißt es dann: »Wählt uns, um die (zum ultimativen Feindbild hochstilisierten) anderen zu verhindern!«

Im Wahlkampf wird jeder Zielgruppe dargelegt, in welcher Form sie profitiert, wenn sie *uns* wählt – und was sie alles verlieren würde, sollte der Gegner an die Macht kommen. Dabei werden vorhandene Ängste (vor Steuererhöhung, Verlust des Arbeitsplatzes, Altersvorsorge, Migration etc.) aufgegriffen. »Der Gedanke, etwas verlieren zu können, hat eine stärker motivierende Wirkung als der Gedanke, etwas Gleichwertiges gewinnen zu können«, schreibt der Psychologe Robert B. Cialdini in *Die Psychologie des Überzeugens* – indem ich ihn zitiere, nutze ich übrigens gleich noch eine beliebte Überzeugungstechnik: die Berufung auf Autoritätspersonen. Wenn es ein namhafter Experte sagt, muss es ja stimmen.

Beim *Dirty Campaigning* – bevorzugt mit Hilfe schwarzer Propaganda – wird es richtig schmutzig. Anschuldigungen und Unterstellungen sollen den Gegner in Verruf und um Sympathien bringen. Die Methode wird passenderweise »fauler Fisch« genannt: Wird es ständig mit ihm beworfen, bleibt der Geruch am Opfer haften. Der Attackierte hat den Schwarzen Peter und wird ihn nicht los: Wenn man ihn beispielsweise in Interviews mit den (unzutreffenden) Vorwürfen konfrontiert, muss er immer wieder seine Unschuld beteuern (und wiederholt die Falschaussage damit), während der aus dem Hinterhalt agierende Urheber Beweise schuldig bleibt.

Wie man sieht, gibt es zahlreiche Manipulationsstrategien, die man mühsam erlernen muss – oder die einem schon in die Wiege gelegt werden. Schon kleine Kinder beherrschen die auch als *bandwagon technique* (Mitläufereffekt) bezeichnete Technik der Berufung auf die Menge, wenn sie einen Wunsch durchsetzen wollen: »Alle Kinder dürfen … / haben …« Diese Strategie beruht auf dem Prinzip der sozialen Bewährtheit. Wir orientieren uns am Verhalten anderer und gehen davon aus, dass richtig sein muss, was anscheinend alle tun.

Schon Sigmund Freud beschrieb in seiner *Massenpsychologie und Ich-Analyse*, dass der Mensch in größeren Gruppen durch die bei anderen beobachteten Affekte beeinflusst werde. »Es ist […] offenbar gefährlich, sich in Widerspruch mit ihr [der Masse] zu setzen, und man ist sicher, wenn man dem ringsumher sich zeigenden Beispiel folgt, also eventuell sogar ›mit den Wölfen heult‹.«

Dieses Bild griff in den 1970er Jahren die Kommunikationswissenschaftlerin Elisabeth Noelle-Neumann (1916–2010) in ihrer Theorie der Schweigespirale auf. Ihrer Meinung nach gibt es eine »soziale Haut« des Menschen, die ihn aus Furcht vor sozialer Isolation (unbewusst) zur Anpassung an das Umfeld drängt. »Mit den Wölfen heulen, ist der glücklichere Zustand, aber wenn man das nicht über sich bringt, weil man offenbar allgemein verbreitete Überzeugungen nicht zu teilen vermag, so kann man doch noch immer schweigen, als zweitbeste Möglichkeit, gut gelitten zu bleiben.« Daraufhin kommt die besagte Schweigespirale in Gang: Je mehr Stimmen der (vermeintlich) schwächeren Seite schweigen, desto stärker wirkt das andere Lager, was aufseiten der Unterlegenen die Schweigsamkeit noch vergrößert.

In Gruppen lässt sich ein als *Groupthink*-Phänomen bezeichneter Konformitätsdruck bemerken: Haben sich Meinungsführer bereits positioniert oder hat sich eine Mehrheitsansicht gebildet, fällt es anderen Mitgliedern schwer, öffentlich eine abweichende Meinung zu äußern, da sie damit im schlimmsten Fall den Ausschluss aus der Gruppe riskieren würden. Das kann so weit gehen, dass sich viele gegen besseres Wissen der falschen Mehrheitsmeinung anschließen. Beispielsweise zeigt sich das in Konformitätsexperimenten wie jenem von Solomon Asch, bei dem die Teilnehmer die Länge von Linien schätzen sollten.

Allerdings zeigte sich in weiteren empirischen Studien – und das ist ermutigend –, dass der Konformitätsdruck deutlich sank, wenn die Testperson auch nur einen »Verbündeten« hatte und mit ihrer Meinung nicht völlig allein einer überwältigenden Mehrheit gegenüberstand. Die Redebereitschaft Einzelner wird demnach nicht so sehr durch ein vages allgemeines Meinungsklima bestimmt: Entscheidender ist die Übereinstimmung mit Freunden, der Familie und sozialen Bezugsgruppen, also den Menschen, die einem persönlich wichtig sind. Ebenso spielt aber die individuelle Persönlichkeit eine Rolle. Wer für eine Sache »brennt« und selbstbewusst ist, wird diese auch in einer von Andersdenkenden dominierten Gruppe mit missionarischem Eifer vertreten.

Propagandisten setzen mit dem Argument »alle tun es/alle denken so« jene unter Druck, die es (noch) nicht tun. Zusätzlich können Andersdenkende, die zu Außenseitern abgestempelt werden, durch Mobbing zum Verstummen gebracht werden. In den sozialen Medien werden beispielsweise falsche und automatisierte Profile (Social Bots) eingesetzt, die im Sinne ihrer Erfinder als vermeintlich echte User agieren und überwältigende Zustimmung suggerieren sollen.

Und wie war das mit dem Urlaub am Meer? Welche Manipulationstechniken habe ich zu Beginn des Kapitels eingesetzt?

Eine Technik kam schon vorab zum Einsatz: Fragen verstärken die Aufmerksamkeit des Empfängers, und Floskeln wie

»Angenommen«, »Stellen Sie sich vor« oder »Wenn Sie« erwärmen uns für ein Thema, da eine emotionale Beteiligung hergestellt wird (»hypnotischer Trichter«). Bei den einzelnen Überzeugungsversuchen habe ich folgende Strategien genutzt:

1. Ihm täte der Urlaub am Meer gut, ihm! Hier geht es darum, beim Empfänger eine Ich-Beteiligung (*involvement*) zu erreichen. Man vermittelt ihm, dass ihn das Thema persönlich betrifft und er einen Vorteil hat, wenn er die vom Sender gewünschte Verhaltensweise zeigt.
2. *Framing, Wording, Priming*: Bevor es zur eigentlichen Frage (Urlaub am Meer) geht, wird ihm durch eine bestimmte Begriffswahl die entsprechende Brille aufgesetzt. Der Begriff Flitterwochen sollte eindeutig positive Assoziationen wecken.
3. Wir möchten wissen, warum wir etwas tun sollen. Satzkonstruktionen mit ›weil‹ vermitteln dem Empfänger das Gefühl, eine Erklärung zu erhalten – unabhängig davon, ob die Begründung wirklich schlüssig ist.
4. Das ist die sogenannte *Door-in-the-Face*-Technik: Dabei wird zuerst eine überhöhte – aber noch realistische – Forderung gestellt, die erwartungsgemäß abgelehnt wird, bevor man um etwas Geringeres bittet, das man sich eigentlich wünscht. Cialdini bezeichnet dies als Technik des Neuverhandelns nach Zurückweisung: Da ich im ersten Schritt nachgab und das Nein akzeptierte, ist die Chance größer, dass er auf meine nachfolgende kleinere Bitte positiv reagiert. Hinzu kommt das Kontrastprinzip: Zwei wahrgenommene Dinge werden unterschiedlicher empfunden, als sie eigentlich sind, wenn sie unmittelbar nacheinander präsentiert werden. In eine Reihe mit weit höheren Forde-

rungen gestellt, wirkt der Urlaub an der Adria bescheiden. Sollte mein Mann schon bei Südfrankreich ja sagen, umso besser.

5. Wie? Es gab doch nur vier Punkte! Tja, »was das Volk nicht weiß …« Selbstverständlich verrate ich meinem Mann nicht, dass meine Mutter mitkommt. Das sieht er dann am Abreisetag. Und er kann nicht behaupten, dass ich ihn belogen habe, oder?

Propaganda-Krieg

Ohne Propaganda kein Krieg. Sie bereitet ihn vor, begleitet ihn und liefert hinterher eine Deutung der Ereignisse, in der bereits das Motiv für den nächsten Krieg stecken kann. Erschreckend für mich ist, dass von der Antike bis zur Gegenwart ähnliche Argumente und Strategien eingesetzt werden, und zwar mit Erfolg. Wir tappen immer wieder in dieselben Fallen. In diesem Kapitel konzentriere ich mich auf drei Aspekte: die Rechtfertigung von Kriegen, die Kriegsberichterstattung sowie Propaganda, die sich nicht an die eigene Bevölkerung richtet.

Krieg galt bis weit ins 20. Jahrhundert noch als »Fortsetzung der Politik mit anderen Mitteln«, wie das der Militärtheoretiker Carl von Clausewitz (1780–1831) formuliert hatte. Dagegen wird er heute als größtes Übel empfunden. Das moderne Völkerrecht erlaubt ihn nur noch zur Selbstverteidigung oder mit Zustimmung des UN-Sicherheitsrates; selbst die humanitäre Intervention in Drittstaaten (beispielsweise, wenn dort Menschenrechte verletzt werden) ist völkerrechtlich umstritten. Mit der Frage, wann ein Krieg rechtens ist, befassten sich Gelehrte schon in der Antike und entwickelten das Modell des »gerechten Krieges«, das das *ius ad bellum* (›Recht zur Kriegsführung‹) und das *ius in bello* (›Verhalten im Krieg‹) umfasst.

Für den römischen Philosophen Marcus Tullius Cicero (106–43 v. Chr.) musste ein gerechter Grund wie die Selbstverteidigung oder die Vergeltung von Unrecht vorliegen, damit ein Waffengang legitim war. Augustinus (354–430), der Bischof von Hippo Regius im heutigen Algerien, nannte mehrere Kriterien für einen gerechten Krieg: Neben dem erwähnten legitimen Grund wie z. B. der Selbstverteidigung musste das Kriegsziel die Wiederherstellung des Friedens sein und die Kriegsführung angemessen sein. Man solle übertriebene Grausamkeit meiden und Besiegten gegenüber Mitleid zeigen; aus Ruhmsucht, Beutegier und Expansionsdrang geführte Kriege lehnte Augustinus strikt ab.

Darin wird der Widerspruch zwischen Theorie und Praxis deutlich: Kriege wurden schon immer um Ressourcen, Land und Herrschaft geführt; auch persönliche Gefühle und Feindschaften spielten eine Rolle. Ebenso geht es bei (Stellvertreter-)Kriegen der Gegenwart um geopolitische und ökonomische Interessen. Aufgabe der Kriegspropaganda ist es daher, Begründungen zu liefern, die vom Empfänger akzeptiert werden. Jeder Krieg wird heute noch als gerecht(fertigt) präsentiert; auch der ehemalige US-Präsident Barack Obama (* 1961) sprach beim Kampf gegen Terrorismus vom »gerechten Krieg«. Als Ziele werden der dauerhafte Friede und eine bessere Welt deklariert. Kriegspropaganda rückt anerkannte Werte wie Frieden, Freiheit und Demokratie in den Vordergrund (wobei die politischen Akteure auch ein ehrliches Interesse daran haben können). Als die USA 1917 in den Ersten Weltkrieg eintraten, erhielt das *Committee on Public Information* unter George Creel den Auftrag: »Verkauf den Krieg den Amerikanern.« Die Bevölkerung sollte vom Krieg überzeugt werden, obwohl Präsident Woodrow Wilson im Jahr davor nicht zuletzt aufgrund seines Versprechens, die USA aus dem europäischen Krieg herauszuhalten, wiedergewählt worden war. Sein Berater Walter Lippmann (1889–1974) plädierte für das Motiv, »die Welt sicher für die Demokratie« zu machen. Wer könnte diesem widersprechen?

Keine Partei will in den Augen der Weltöffentlichkeit der Aggressor sein. Die Schuld am Konflikt wird deshalb dem anderen zugeschrieben, und auch bei Rüstungswettläufen argumentiert man gern: Wir *re*agieren nur auf Provokationen und Aufrüstung des Gegners, unsere Maßnahmen sind rein defensiv. Auch in der Phase der Vorbereitung und gar in der Kriegserklärung selbst schwören die Urheber des Krieges: Wir wollen keinen Krieg! Um im selben Atemzug zu erklären, warum er dennoch geführt werden muss. *Muss*, nicht soll: Der Gedanke, dass es eine Alternative geben könnte, soll gar nicht erst aufkommen. Auch Angriffskriege können zu Präventivkriegen stilisiert und als Akt der Selbstverteidigung dargestellt werden; man müsse der vom Gegner ausgehenden akuten und großen Bedrohung zuvorkommen.

Die Betonung der Notwendigkeit und der Dringlichkeit gehört zu den Kernelementen von Kriegsbotschaften: Wir müssen sofort handeln, denn es droht akut Schreckliches, das wir verhindern müssen! Im April 2003 erklärte der britische Premierminister Tony Blair (* 1953) bezüglich des Irakkriegs: »Wir haben diesen Krieg nicht gewollt. Doch durch seine Weigerung, die Produktion seiner Massenvernichtungswaffen aufzugeben, lässt uns Saddam [Hussein] keine andere Wahl, als zu handeln.« Die Tötung des iranischen Generals Kassem Soleimani (1957–2020) im Januar 2020 durch eine US-Drohne begründete der amerikanische Außenminister Mike Pompeo (* 1963) mit dem vagen Hinweis auf eine »unmittelbar bevor-

1. Wir wollen keinen Krieg.
2. Das feindliche Lager trägt die alleinige Schuld am Krieg.
3. Der Feind hat dämonische Züge.
4. Wir kämpfen für eine gute Sache und nicht für eigennützige Ziele.
5. Der Feind begeht mit Absicht Grausamkeiten. Wenn uns Fehler unterlaufen, dann nur versehentlich.
6. Der Feind verwendet unerlaubte Waffen.
7. Unsere Verluste sind gering, die des Gegners aber enorm.
8. Unsere Sache wird von Künstlern und Intellektuellen unterstützt.
9. Unsere Mission ist heilig.
10. Wer unsere Berichterstattung in Zweifel zieht, ist ein Verräter.

Anne Morelli, *Die Prinzipien der Kriegspropaganda*, Springe 2004

stehende Bedrohung«; worin genau die Bedrohung bestand oder wie unmittelbar diese war, konnte er nicht zufriedenstellend beantworten.

Wie real eine Bedrohung ist, muss von Fall zu Fall entschieden werden. Es wäre naiv, jede Warnung als *Fake News* abzutun; aber wir sollten angebotene Kriegsbegründungen zweimal hinterfragen, da wir nur eines mit absoluter Sicherheit wissen: Die Wahrheit ist das erste Opfer des Krieges.

Aus leidvoller Erfahrung wissen wir, dass jene, die den Krieg wollen, auch vor Inszenierungen nicht zurückschrecken. 1939 verkleideten sich SS-Leute auf höchsten Befehl als polnische Freischärler und täuschten einen Überfall auf den deutschen

Radiosender Gleiwitz in Oberschlesien vor, woraufhin Hitler in einer über den Rundfunk übertragenen Rede am 1. September verkündete: »Polen hat nun heute Nacht zum ersten Mal auf unserem eigenen Territorium auch durch reguläre Soldaten geschossen. Seit 5 Uhr 45 wird jetzt zurückgeschossen!«

Am Vorabend des Ersten Irakkriegs (1990–1991) lancierte die PR-Firma Hill & Knowlton im Auftrag der kuwaitischen Exilregierung die sogenannte Brutkastengeschichte: Durch diese hochemotionale Story wollte man in den USA und in der Weltöffentlichkeit die Zustimmung für den Krieg gegen den Irak fördern. Eine junge Frau namens Nayirah, vorgeblich eine kuwaitische Krankenschwester, erzählte bei öffentlichen Auftritten mit tränenerstickter Stimme, wie irakische Soldaten nach der Besetzung Kuwaits im Krankenhaus Säuglinge aus den Brutkästen gerissen hätten, um sie auf dem kalten Boden sterben zu lassen. Die Medien berichteten ausführlich darüber, George Bush sen. (1924–2018) zitierte sie bei Auftritten insgesamt achtmal, und selbst Amnesty International schenkte den Berichten Glauben. Am 12. Januar 1991 stimmte der US-Senat mit einer Mehrheit von gerade einmal fünf Stimmen für den Krieg; sechs Senatoren begründeten ihre Entscheidung mit der Brutkastengeschichte. Der Krieg begann. Erst später stellte sich heraus: Die Geschichte war erfunden.

Und wenn der Krieg dann im Gange ist? Wie verlässlich sind Nachrichten aus dem Kriegsgebiet? Jede Partei setzt massiv eigene Propaganda in die Welt und stört die Kommunikation des Gegners, um im Informationskrieg die Deutungshoheit zu gewinnen und der Öffentlichkeit zu vermitteln: Wir sind die Guten, die anderen die Bösen – die diesem binären Denken nach auch Böses tun. Tatsächliche, übertriebene und auch erfundene Gräueltaten – und nein, es gibt keinen Krieg

»Die Nachrichtenpolitik im Krieg ist ein Kriegsmittel. Man benutzt es, um Krieg zu führen, nicht um Informationen auszugeben.«

NS-Propaganda-Minister Joseph Goebbels,
Tagebucheintrag vom 10. Mai 1942

»Das wirkliche Schlachtfeld ist die Öffentlichkeit in unserem Land.«

Ex-US-Verteidigungsminister Donald Rumsfeld
im Hinblick auf den Irakkrieg 2003

»Der Umgang mit den Medien, die Schlacht um die öffentliche Meinung waren genauso wichtig wie die Luftangriffe. Dieser Krieg hat sich nicht von selbst erklärt. Die Journalisten waren gleichsam Soldaten, in dem Sinne, dass sie der Öffentlichkeit erklären mussten, warum dieser Krieg wichtig war.«

NATO-Sprecher Jamie Shea
im Rückblick auf den Kosovokrieg 1999

ohne brutale Gewalt und unschuldige Leidtragende! – sollen das gewünschte Bild vermitteln. Verursacht die eigene Seite zivile Opfer, wird die Verantwortung dafür meist dem Gegner zugeschrieben oder der Vorfall als »Kollateralschaden« heruntergespielt. Worte werten: Wir neutralisieren und eliminieren den Feind, nur der Gegner mordet. Die einseitige Darstellung und das Messen mit zweierlei Maß gehört dazu.

Wie viel Wahrheit ist den Menschen zumutbar? Jede Partei will ein für sie positives Bild des Kriegsverlaufes zeichnen, um die Moral der Kämpfenden aufrechtzuerhalten: Siege werden aufgebauscht, Niederlagen kleingeredet oder gar verleugnet.

So wollte Napoleon im Mai 1809 bei Aspern keine Niederlage durch Erzherzog Carl erlitten haben; die französische Presse bejubelte einen Erfolg beim nahen Eßling. In den USA erstritt die *Washington Post* die Freigabe von vertraulichen Regierungsdokumenten (der »Afghanistan Papers« – Notizen und Interviews von Personen, die in unterschiedlichen Funktionen am Krieg beteiligt waren) und berichtete im Dezember 2019 unter dem aussagekräftigen Titel »Im Krieg mit der Wahrheit«, wie der seit 2001 andauernde Afghanistan-Krieg der Bevölkerung gegenüber beschönigt wurde: Studien und Statistiken wurden verfälscht sowie Fortschritte vorgetäuscht, um den unpopulären Krieg als notwendig und erfolgreich zu verkaufen. »Das amerikanische Volk ist konstant belogen worden«, klagte John Sopko, Leiter jener Bundesbehörde, die die Interviews führte.

Es ist allerdings gar nicht so einfach, die Reaktion der Empfänger treffsicher vorauszusagen. Nachdem der britische Premierminister David Lloyd George (1863–1945) im Ersten Weltkrieg über die ungeheuren Verluste an der nordfranzösischen Front aufgeklärt worden war, gestand er am 28. Dezember 1917 gegenüber Charles P. Scott (1846–1932), Herausgeber des *Manchester Guardian*, ein: »Wenn die Leute hier wirklich die Wahrheit wüssten, wäre der Krieg morgen schon zu Ende.« Er befürchtete, die Zustimmung des Wahlvolks zum Krieg zu verlieren, wenn die Verluste bekannt würden, aber er irrte sich: Zwar löste ein Bericht in der *Times* über die verlorene Schlacht bei Mons Verunsicherung aus, doch er wirkte auch mobilisierend: In ganz England meldeten sich Tausende Freiwillige zum Kriegsdienst.

Später zeigte in den USA der Vietnamkrieg (1964–1975), dass ungeschönte Berichte, die das wahre Grauen und Leid eines Krieges offenbaren, in der eigenen Bevölkerung auch Protest auslösen und zur vehementen Ablehnung des Krieges führen können. Daraus zog man seine Lehren. 1991 wurde der Krieg gegen den Irak von der US-Militärführung mit Aufnahmen angreifender Raketen und Flugkörper in den Medien als sauberer Krieg inszeniert, obwohl es in den beiden Irakkriegen Hunderttausende Opfer gab. Kann Krieg jemals »sauber« sein, wenn dabei Menschen sterben? Der ehemalige Kriegsberichterstatter Joris Luyendijk (* 1971) hat aus einem Bombenangriff in Gaza vor allem eines gelernt: »Der Begriff ›sauberer Krieg‹ gehört in die gleiche Kategorie wie ›schwangere Jungfrau‹ und ›demokratischer Diktator‹.«

Was ist mit Kriegsreportern vor Ort? Auch sie können nur bedingt unabhängige Berichte liefern, da den Kriegführenden unkontrolliert agierende Medienvertreter ein Gräuel sind. Schon Arthur Wellesley, Herzog von Wellington (1769–1852), der Napoleon am spanischen Kriegsschauplatz bekämpfte und ihn 1815 bei Waterloo besiegte, beschwerte sich über das Geschwätz englischer Zeitungen, da der Feind aus diesen Informationen über Stellung und Stärke der britischen Truppen beziehen könnte. Gern wird das Argument »der Feind darf nichts erfahren« bemüht, um im Kriegsfall die Einführung oder Verschärfung der Zensur zu begründen; freilich werden damit auch der eigenen Bevölkerung Informationen vorenthalten.

Kriegführende setzen auf direkte und indirekte Zensurmaßnahmen, um die Berichterstattung zu kontrollieren. Im ausgehenden 19. Jahrhundert wurde die Akkreditierung von Journalisten durch das Militär eingeführt; außerdem mussten sie seitdem in »Pools« – unter der Aufsicht eines Presseoffiziers – arbeiten; auch private Briefe unterlagen der Zensur. Heute spricht man vom eingebetteten oder integrierten Journalismus (*embedded journalism*): Das Militär stellt Pressevertretern Transport, Unterbringung und Schutz zur Verfügung; dafür verpflichten sich die Journalisten, sich an vorgegebene Regeln zu halten. In Studien zeigte sich, dass gemeinsame Erlebnisse zusammenschweißen und »eingebettete« Journalisten sich als Kameraden der Soldaten fühlen, was sich in einer parteiischen Berichterstattung niederschlagen kann.

Begünstigt wird die oft einseitige mediale Darstellung von Krisen und Konflikten dadurch, dass sich viele Medien keine eigenen Auslandskorrespondenten leisten können und auf die Informationen von Nachrichtenagenturen wie Reuters, Deutsche Presse-Agentur (dpa) und Austria Presse Agentur (APA) angewiesen sind. Dass sich oft viele Medien auf ein und dieselbe Quelle stützen (müssen), verengt den Blick. Zusätzlich zu dieser Schieflage verbreiten die kriegführenden Staaten Propaganda, und sowohl die Militärs als auch die Verteidigungsministerien versuchen, ihre Informationen und Desinformationen bei Nachrichtenagenturen einzuschleusen. Gelingt ihnen das, stehen die Chancen gut, dass weitere Medien diese im Vertrauen auf die Glaubwürdigkeit der Agentur übernehmen.

Öffentlichen Widerspruch und Kritik sowie Zweifel an der offiziellen Berichterstattung – oder auch nur den Versuch, die andere Seite zu hören – wollen die Regierungen unterbinden, wobei sie nicht immer auf die Zensur zurückgreifen. Als Leiter des US-amerikanischen *Committee on Public Information* (CPI) sprach sich George Creel im Ersten Weltkrieg gegen eine Zensur der Presse aus; er setzte auf sozialen Druck und Mobbing: Jene Persönlichkeiten, die den Krieg kritisierten, wurden in den Medien als »Nestbeschmutzer« und »Verräter« beschimpft.

1967 erhob Martin Luther King als überzeugter Pazifist seine Stimme gegen den Vietnamkrieg und bezeichnete die USA

Die Journalistin Stefanie Bolzen (*Welt*, 2. v. r.) im Einsatz bei den US-Truppen in Afghanistan 2010

unverblümt als »gegenwärtig größten Lieferanten von Gewalt in der Welt«. Bei einer Rede in New York forderte er einen neuen Marsch auf Washington, »weil sie im Krieg gegen die Armut einen Waffenstillstand erklärt haben, während sie Milliarden verschwenden, um einen sinnlosen, grausamen und ungerechten Krieg in Vietnam auszuweiten«. Auf diese Aussagen reagierte die US-Presse mit Entsetzen und warf ihm Vaterlandsverrat vor.

Wo Pressefreiheit besteht, lässt sich bei Medien wie auch bei Kriegskorrespondenten häufig ein Schulterschluss mit der Regierung beobachten. Dieser sogenannte Sich-um-die-Flagge-scharen-Effekt äußert sich oft in Selbstzensur: Wie kann man nur in der Stunde größter Not so unpatriotisch sein und die eigene Nation bzw. deren Krieg kritisieren? Eben. Im Afghanistankrieg griff die Sicherheitsberaterin des damaligen US-Präsidenten George W. Bush, Condoleezza Rice (*1954), laut *Financial Times* »eigenhändig zum Telefonhörer, um die Verantwortlichen der wichtigsten Fernsehsender ABC, NBC, CNN und Fox News an ihre ›patriotische Pflicht‹ zu erinnern«. (Astrid Frohloff, *Kriegsnachrichten*)

Kommen wir zum letzten Punkt, zur Propaganda gegenüber der Bevölkerung in einem fremden bzw. feindlichen Land. Auslandspropaganda ist im Frieden an der Tagesordnung und als *Public Diplomacy* – wenn sie sich an die Regeln weißer Propaganda hält – durchaus legitim. Sie dient auf zwischenstaatlicher Ebene der Imagepflege und der Durchsetzung eigener Interessen, wobei als Sender Regierungen wie auch Nichtregierungsorganisationen in Frage kommen. Als *soft power* bezeichnet der US-Politikwissenschaftler Joseph Nye die Fähigkeit eines Staates, seine Ziele in den internationalen Beziehungen durch Anziehungskraft zu erreichen. Doch kann Auslandspropaganda durchaus an Schärfe gewinnen, wenn Kommunikatoren zur gezielten Beeinflussung der Weltöffentlichkeit Druck einsetzen. Ende 2017 wies *The Economist* unter dem Titel *Sharp Power* darauf hin, dass die Volksrepublik China Entscheidungsträger und die öffentliche Meinung in westlichen Demokratien zu beeinflussen, ein positives Bild des Landes zu verbreiten und Kritik – beispielsweise an Menschenrechtsverletzungen – zu unterdrücken versucht. Dabei spielt China als Trumpf seine Wirtschaftsmacht aus, nach dem Motto: Wer mit uns Geschäfte machen will, muss sich an unsere Regeln (und den Mund) halten.

Nicht nur politische Akteure sind davon betroffen, sondern auch Wirtschaftsunternehmen. 2018 warb der deutsche Autohersteller Daimler auf Instagram – das in China übrigens blockiert ist – mit dem Dalai-Lama-Zitat: »Betrachte Situationen von allen Seiten und Du wirst offener«, worauf die chinesische Führung, für die der Dalai Lama ein Staatsfeind ist, verschnupft reagierte. Mit Erfolg: Daimler löschte den Post und sagte zu, »unverzüglich unser Verständnis von der chinesischen Kultur und ihren Wertvorstellungen zu vertiefen«. Die *Süddeutsche Zeitung* berichtete darüber am 7. Februar 2018 und schrieb: »So spricht kein deutsches Unternehmen, so formuliert die Parteipropaganda.«

Im Herbst 2019 stoppte China die TV-Übertragung von Spielen der US-Basketballliga NBA, nachdem Daryl Morey, Manager der Houston Rockets, »Kämpfe für Freiheit – steh Hongkong bei« getwittert hatte. Damit bezog er sich auf die seit Sommer 2019 anhaltenden Massendemonstrationen in der chinesischen Sonderverwaltungszone. Angesichts der im November 2019 geleakten »China Cables« stellte der Sprecher des chinesischen Außenministeriums, Geng Shuang, klar, dass es sich um eine interne Angelegenheit Chinas handele: Jegliche Einmischung von außen sei unerwünscht.

Zwischenstaatliche Spannungen und Konflikte werden von verbalem Säbelrasseln begleitet; heutzutage beschimpfen Staatsoberhäupter einander auch schon mal per Twitter. Im Krieg dient Propaganda im In- und Ausland verschiedenen Zwecken: Sie soll auf der eigenen Seite Kampfmoral, Siegeszuversicht und das Vertrauen in die eigene Führung stärken, jedoch in Form psychologischer Kriegsführung beim Gegner genau das Gegenteil bewirken. Feindliche Soldaten werden zum Desertieren aufgerufen und Zwietracht in gegnerischen Koalitionen gesät. Als Kriegslist eingesetzte Desinformationen täuschen den Gegner über Truppenbewegungen und Angriffsziele; umgekehrt versucht jede Seite, durch Aufklärung und Spionage herauszufinden, wie die Lage in Wahrheit aussieht. Da jede Kriegspartei weiß, dass der Gegner durch Falschinformationen in die Irre führen und demoralisieren will (man tut es selbst ja auch), spricht Michael Kunczik in Anlehnung an die Kommunikationstheorie von Paul Watzlawick (1921–2007) von »paradoxer Kommunikation«.

Im Zweiten Weltkrieg setzten beide Seiten Geheimsender ein, die als vermeintliches Sprachrohr der Gegenseite getarnt waren und sich an die feindliche Bevölkerung richteten. Protokolle der sogenannten »Ministerkonferenzen« in Goebbels' Ministerium geben einen Einblick in die gegen England und Frankreich eingesetzten Strategien der NS-Propaganda. Laut Protokollen aus dem Jahr 1940 sollten in Frankreich »die Panikmache« gesteigert und Gerüchte über eine beabsichtigte Flucht der französischen Regierung sowie die Gefahren einer »fünften Kolonne« ausgestreut werden. Der Geheimsender hatte zu verbreiten, »dass selbstverständlich auch die [vor der Vernichtungspolitik der Nationalsozialisten geflohenen!] Juden aus Deutschland in der augenblicklichen Situation nichts anderes seien als Agenten Deutschlands.«

Welche Bedeutung die NS-Führung der Propaganda im Krieg zuschrieb, wird in dem 1938/39 zwischen Reichspropagandaminister Goebbels und dem Oberkommando der Wehrmacht (OKW) getroffenen *Abkommen über die Durchführung der Propaganda im Kriege* ersichtlich: »Der Propagandakrieg wird in seinen wesentlichen Punkten neben dem Waffenkrieg als gleichrangiges Kriegsmittel anerkannt.«

Dank der grenzenlosen Möglichkeiten, die das Internet bietet, gewinnt Propaganda bei zwischenstaatlichen Spannungen und Konflikten der Gegenwart neues Gewicht: Sie wird zum Informationskrieg, der richtige Kriege begleiten und sogar ersetzen kann. Bei sogenannten hybriden Kriegen und Bedrohungen – als Akteure kommen Regierungen wie auch Einzeltäter und Terrorgruppen in Frage – wird nicht offen Krieg geführt, sondern es soll die Meinungs- und Willensbildung im fremden Land beeinflusst werden. So kann ein Akteur beispielsweise auf den Ausgang von Abstimmungen und Wahlen (mit bekannt weitreichenden möglichen Folgen) einwirken.

Mit den Methoden dunkler Propaganda wie Cyberangriffen und dem ›Leaken‹ von Daten der Gegenseite (wobei in ein Paket echter Dokumente gern einzelne Fälschungen eingeschmuggelt werden) sowie Desinformationskampagnen lassen sich in der Zielgruppe bereits vorhandene Vorurteile, Konflikte und Spannungen aufgreifen und verstärken. Es wird Misstrauen gegenüber der Regierung geschürt und in manchen Fällen die Demokratie selbst als Auslaufmodell diffamiert. Letzteres liegt im Interesse autoritärer Regierungen, die damit ihr eigenes politisches System als bessere Variante darstellen und ihre Herrschaft stützen wollen. Die Destabilisierung rivalisierender Staaten und Bündnissysteme stärkt auf internationaler Ebene die Machtposition des Akteurs. Das Motto lautet: Spalte und herrsche. Wer im innenpolitischen Chaos bis hin zum Bürgerkrieg versinkt, kann weniger Energie für die Weltpolitik aufbringen. Im äußersten Fall kann subversive Propaganda zum Regimewechsel führen.

Westliche Sicherheitsbehörden und Geheimdienste wie der deutsche Verfassungsschutz verdächtigen immer wieder Moskau – die russische Regierung weist die Anschuldigungen freilich zurück –, in europäischen Staaten und in den USA mit Desinformationskampagnen mitzumischen, sei es in der US-Präsidentschaftswahl 2016, bei der Brexit-Debatte in Großbritannien oder bei den Gelbwesten-Protesten in Frankreich.

Auch im Katalonien-Streit in Spanien wurde laut Medienberichten vom November 2019 die Vermutung geäußert, dass der russische Geheimdienst mit Desinformationskampagnen in den sozialen Netzwerken bewusst zur Verschärfung der Krise beitrage.

Auch wenn immer wieder Aktivitäten russischer Hacker und Internettrolle aufgedeckt und kritisiert werden, weist David Christopher Jaklin in *Hybrid Warfare* darauf hin, dass sich der Westen ebenfalls der Cyber-Dimension bedient. Es ist schwierig, derartige Attacken im Internet frühzeitig zu erkennen und zuzuordnen, da sich der Angreifer verborgen hält und versucht, seine Aktionen zu tarnen, wie es den Regeln schwarzer Propaganda entspricht. Hybride Bedrohungen werden oft erst dann als solche identifiziert, wenn deren Wirkung bereits aufgetreten und der Schaden angerichtet ist.

Dass politische Akteure aus dem Ausland Einfluss auf die öffentliche Meinung im eigenen Land nehmen wollen, war Regierenden schon vor Jahrhunderten bewusst. Im ausgehenden 18. Jahrhundert fühlten sich Europas Fürsten von Gottes Gnaden durch die Französische Revolution bedroht: Freiheit, Gleichheit, Brüderlichkeit? Erschreckend! Durch verschärfte Zensur wollten sie verhindern, dass revolutionäres Gedankengut in ihre Länder eindrang. Auch heute gehen Staaten wie China (»Great Firewall«) und Nordkorea mittels Zensur gegen unerwünschte Einflüsse von außen vor; Russland strebt ebenfalls ein vom Westen unabhängiges Internet an, was dem Staat größere Kontrollmöglichkeiten über die Inhalte ermöglicht.

Kein Schweigen der Lämmer

Propaganda wird es immer geben. Wir müssen mit ihr leben. Die Frage ist nur: Wie gehen wir damit um? Gerade in Demokratien gehört persuasive Kommunikation zum Meinungs- und Willensbildungsprozess. Dagegen ist grundsätzlich auch nichts einzuwenden, solange sich die Kommunikatoren auf weiße Propaganda bzw. den Ethikregeln entsprechende PR- und Öffentlichkeitsarbeit beschränken. Aber bedeutsame Mehrheitsentscheidungen – wer soll regieren, beginnen wir einen Krieg? – sollten nicht auf dreisten Lügen basieren.

Was sollen und können wir gegen Desinformationen tun? Jede Form von Zensur wäre der falsche Weg. Denn sie würde den Verantwortlichen ein mächtiges Mittel der Informationskontrolle in die Hand geben, Sender würden neue Kanäle finden und ein Grundpfeiler der Demokratie – die Presse- und Meinungsfreiheit – wäre angesägt. Nein, ansetzen können wir nur bei Aufklärung und politischer Bildung: Wir können Propagandisten nicht am Lügen hindern, aber wir können auf der Empfängerseite den kritischen Umgang mit Informationen sowie die Medienkompetenz fördern, um besser zwischen Fakt und Fake zu unterscheiden.

Hilfreich ist es, sich an den Regeln des Qualitätsjournalismus zu orientieren. Das empfiehlt auch der Medienwissenschaftler Bernhard Pörksen, wenn er eine »Utopie der redaktionellen Gesellschaft« entwirft. Dazu gehören das Zwei-Quellen-Prinzip, der Motivverdacht gegenüber dem Sender (wir wissen, dass politische Propagandisten uns beeinflussen wollen, um ihre Ziele zu erreichen) sowie Kenntnisse über Manipulationstechniken. Ebenso wichtig ist es, sich mit eigenen Schwächen und menschlichen Wahrnehmungsfehlern zu befassen. Wer weiß, wie beispielsweise der Bestätigungsfehler funktioniert, kann bewusst etwas dagegen tun.

Wie gehen wir also vor, wenn wir eine neue Information erhalten und diese einschätzen wollen? Die erste Frage gilt der Quelle: Wie vertrauenswürdig ist das Medium? Können wir das nicht ohne weiteres einschätzen, ist im Zweifelsfall ein Blick ins Impressum empfehlenswert: Werden als Verantwortliche verifizierbare Personen genannt oder dienen vage Konstrukte und *Fake Accounts* der Verschleierung? Von wem genau stammt die Information? Können wir den Sender nicht identifizieren, ist Skepsis gefragt. Betreibt hier jemand schwarze Propaganda?

Immer, absolut immer, verfolgt der Propagandist eine Absicht; er will Meinungen und Ansichten beeinflussen, um dadurch seine Ziele zu erreichen. Bei der Einschätzung von Quelle und Information hilft die Frage nach dem Motiv des Senders weiter: Was will er mit seiner Botschaft erreichen, wer profitiert davon? *Cui bono?* Wem nützt es?

Im nächsten Schritt geht es um die Information selbst und ob sie sich verifizieren lässt. Dabei gilt: zweifeln, ohne zu verzweifeln. Kontraproduktiv wäre es, wenn wir alle Informationen als Lüge abstempeln würden und unser Zweifel nicht mehr der Wahrheitssuche dient, sondern zum Selbstzweck

»Zwar ist der menschliche Geist so beschaffen, dass es viele Möglichkeiten zu seiner Manipulation und somit für eine Verzweckung von Menschen für die Machtbedürfnisse anderer gibt. Jedoch verfügen wir von Natur aus über ein reiches Repertoire an Möglichkeiten unseres Verstandes, um Manipulationskontexte erkennen und somit aktiv vermeiden zu können. Wir verfügen gleichsam über ein natürliches Immunsystem gegen Manipulation. Wir müssen uns nur entschließen, es zu nutzen. Das Motto der Aufklärung war ja *sapere aude*, wage es zu erkennen, wage es zu bemerken – oder in Kants Worten, wage es, dich deines eigenen Verstandes zu bedienen.«

Rainer Mausfeld, *Warum schweigen die Lämmer? Wie Elitendemokratie und Neoliberalismus unsere Gesellschaft und unsere Lebensgrundlagen zerstören*, Frankfurt a. M. 2019

werden würde, wie es für das konspirative Denken typisch ist. »An die Stelle eines Denkens und Zweifelns, das zielgerichtet von A nach B führt, tritt ein Denken im Hamsterrad – ohne eigentliches Ziel«, erklärt der Philosoph Jan Skudlarek in seinem Buch *Wahrheit und Verschwörung*. Er spricht von einem »toxischen Zweifel«, der meist antifaktisch, abstrakt, im Freund-Feind-Denken verankert und zirkulär ist (schon zu Beginn kommt der Denkende zu dem Schluss, dass wir doch so oder so getäuscht werden). Hingegen ist gesunder Zweifel anlassbezogen und konkret, faktenorientiert und offen gegenüber neuen Gedanken und Sprechern.

Zugegeben, Lügen zu erkennen, ist oft schwer, da Desinformationen geschickt aufgezogen werden. Moderne Bearbeitungsprogramme können täuschend echtes Bild-, Ton- und

Fakt oder Fake? – Die Nachrichten-Checkliste

Welches Medium?

- [ ] - Ist die Quelle vertrauenswürdig?
- [ ] - Werden Verantwortliche genannt (Impressum)?

Wer ist der Sender?

- [ ] - Lässt sich der Urheber einer Information identifizieren?
- [ ] - Welches (verborgene) Motiv hat der Sender?

Ist die Information korrekt?

- [ ] - Was sagen andere, gibt es Faktenchecks?
- [ ] - Zeigen die Bilder wirklich das, was behauptet wird? (Tipp: Umgekehrte Bildersuche!)
- [ ] - Werden gezielt Emotionen wie Wut und Angst geschürt?

Die zehn Gebote der politischen Meinungsbildung

1. Informationen prüfen
2. verschiedene Quellen nutzen
3. Intention des Senders hinterfragen
4. Schwächen der menschlichen Wahrnehmung beachten
5. Fakten von Meinungen unterscheiden
6. andere Meinungen anhören und aushalten
7. sachlich und wertschätzend diskutieren
8. im Netz: zuerst denken, dann klicken
9. Fake News aufzeigen
10. Cybermobbing/Schweigespirale entgegenwirken

Videomaterial (*Deepfakes*) produzieren. Doch viele von politischen Akteuren geäußerte Unwahrheiten sind plump und rasch durch Faktenchecks widerlegbar. In solchen Fällen hilft der Medien- und Realitätsvergleich weiter: Was sagen andere Quellen, neben traditionellen Medien etwa auch Augenzeugenberichte, die in Smartphonezeiten schnell im Internet kursieren? Gibt es Gegendarstellungen? Fotos lassen sich teils durch die umgekehrte Bildersuche (Rückwärtssuche) prüfen und einordnen.

Erweist sich die Information als zutreffend, geben sich kritische Denker noch lange nicht zufrieden, denn sie wissen, dass jede Information einem Puzzlestein vergleichbar nur einen kleinen Teil des Gesamtbildes darstellt. Propagandisten aber wählen Informationen einseitig aus, versuchen, einzelne Beispiele stellvertretend für das Ganze zu etablieren und halten Informationen zurück, die ihrer Absicht im Weg stehen. (Ich sage nur: Schwiegermutter!) Sie wollen uns durch Framing eine bestimmte Brille aufsetzen und dazu bringen, die Welt so zu sehen, wie es ihnen passt. Wer sich eine kompetente Meinung zu einem Thema machen will, sammelt möglichst viele Puzzleteile dazu und füllt aktiv Lücken im Gesamtbild, zieht unterschiedliche Quellen heran und hört sich ganz bewusst auch Meinungen an, die der eigenen Sichtweise widersprechen. Das wirkt auch gleich dem Bestätigungsfehler entgegen.

Die Alarmglocken müssen läuten, wenn wir merken, dass Botschaften Angst, Wut und Empörung in uns wecken. Propaganda nutzt Gefühle für ihre Zwecke; und wer in der Emotion gefangen ist, neigt eher zum irrationalen Handeln. In solchen Fällen sollten wir das Motiv des Senders besonders kritisch hinterfragen und einmal mehr prüfen, ob die Fakten wirklich stimmen und die präsentierte Schlussfolgerung nachvollziehbar ist oder ob wir mit »gefühlten Wahrheiten« zu Fehlschlüssen auf mögliche Sündenböcke verleitet werden sollen. Das gilt besonders bei der Kommunikation in den sozialen Medien: Wütende Menschen klicken häufiger. Da auf Facebook & Co. jeder User sowohl als Empfänger als auch als Sender agiert, besteht die Gefahr, dass wir durch überhastetes *Liken*, Kommentieren und Teilen von Beiträgen zu unfreiwilligen Verbreitern politischer Propaganda werden.

Wir alle nehmen als Empfänger an der politischen Kommunikation teil; wir erhalten Informationen, tauschen uns mit anderen aus, bilden uns eine Meinung und vertreten sie. Wie ist es um unsere Diskussionskultur bestellt? Wie gehen wir mit anderen Sichtweisen um? Die gegenwärtige Politik liefert Tag für Tag Beispiele, vor allem dafür, wie es nicht sein sollte: Politische Gegner werden auf Kindergartenniveau verspottet und live vor der Kamera oder per Twitter wüst beschimpft, Kritik und Argumente werden mit dem *Fake-News*-Vorwurf abgeblockt; und wer es wagt, eine andere Meinung zu äußern, wird nicht angehört, sondern zum Feind erklärt. Verbale Entgleisungen zeugen von schlechten Manieren und offenbaren, dass dem Sprecher die Argumente ausgehen. Darüber hinaus können sie übrigens strafbar sein, denn die bestehende Meinungsfreiheit findet dort ihre Grenzen, wo Straftatbestände wie z. B. Beleidigung, üble Nachrede, gefährliche Drohung und Verhetzung erfüllt werden. Bekanntlich liegt die Hemmschwelle im Netz weit niedriger, als wenn sich Gesprächspartner gegenüberstehen.

Diskussionen – ja, selbst der Streit, wenn verschiedene Meinungen aufeinanderprallen – gehören zur Demokratie, die von der Meinungsvielfalt lebt. Der komplexe Meinungs- und

Willensbildungsprozess benötigt das Für und Wider, die unterschiedlichen Argumente und Standpunkte, den Diskurs, über den sich gemeinsame Entscheidungen herausbilden und Kompromisse finden lassen.

Aber heutzutage fällt es immer mehr Menschen schwer, andere (politische) Meinungen als die eigene auszuhalten und als ebenso berechtigt gelten zu lassen. Was passiert, wenn wir immer nur mit jenen diskutieren, die ohnehin unserer Meinung sind, und andere Sichtweisen ausblenden, weil sie uns nicht gefallen? Wir schauen nicht mehr über den Tellerrand hinaus, sondern bestärken einander ständig in unserer Haltung. In Gruppen, in denen nur Gleichgesinnte miteinander diskutieren und andere Meinungen fehlen – man nennt das »reduzierte interne Diversität« (Ingrid Brodnig) –, lässt sich beobachten, wie sich die Einzelnen in ihren Ansichten radikalisieren. Das lässt sich besonders gut in den sozialen Medien verfolgen, in denen Filterblasen (uns werden durch Algorithmen nur jene Informationen angezeigt, die unserer Sichtweise entsprechen) und Echokammern (wir bewegen uns nur im Kreis Gleichdenkender) unsere jeweils schon vorhandenen Meinungen verstärken. In der Sozialpsychologie wird dieses Phänomen Gruppenpolarisation genannt.

Hinzu kommt, dass sich in der Diskussion Tatsachen, Meinungen und »gefühlte« Wahrheiten vermischen: Jeder hat das Recht auf seine eigene Meinung, ja. Aber etwas Falsches wird nicht zur Tatsache, nur weil man es als »alternativen Fakt« bezeichnet. Auf Empfängerseite wird durch Propagandisten gezielt der Eindruck gefördert, es gebe keine Wahrheit mehr (gibt es sehr wohl), alle angebotenen Deutungsmuster seien gleichwertig und jeder könne sich aussuchen, was er glauben will. Das spielt antidemokratischen Kräften und Verschwö-

Als die Nazis die Kommunisten holten, habe ich geschwiegen; ich war ja kein Kommunist.
Als sie die Gewerkschaftler holten, habe ich geschwiegen, ich war ja kein Gewerkschaftler.
Als sie die Juden holten, habe ich geschwiegen, ich war ja kein Jude.
Als sie mich holten, gab es keinen mehr, der protestieren konnte.

Martin Niemöller (1892–1984)

rungstheoretikern in die Hände, die unter dem Deckmantel der Presse- und Meinungsfreiheit ihre Botschaften verbreiten und das Misstrauen in Politik, Medien und Demokratie schüren. Es besteht die Gefahr, dass die Gesellschaft in voneinander zunehmend isolierte Gruppen zerfällt, die sich unüberbrückbar und unversöhnlich gegenüberstehen und keine Gesprächsbasis mehr finden.

Gerade wenn wir unterschiedlicher Meinung sind, ist es wichtig, im Gespräch zu bleiben. Nur schweigen dürfen wir nicht, sondern wir müssen an der politischen Kommunikation und der Demokratie mitwirken, denn Letztere kann nur so gut sein wie die Menschen, die sie beleben.

Propaganda ist nicht allmächtig – wir sind keine Marionetten, sondern entscheiden, was wir glauben und was nicht. Selbst die NS-Propaganda war nicht so erfolgreich, wie in der bundesdeutschen Öffentlichkeit wie auch in der wissenschaftlichen Forschung lange angenommen wurde. »Inzwischen konnte gerade an regionalen Untersuchungen sogar die Ineffizienz der Propaganda des NS-Regimes nachgewiesen werden«, stellt Christian Kuchler in *NS-Propaganda zwischen Verbot und öffentlicher Auseinandersetzung* klar. Diese Erfahrung musste auch Oberstleutnant Wasserfall vom »Sondereinsatz Berlin« mit der Mundpropaganda-Aktion machen, der Ende Dezember 1944 in seinem Bericht dokumentierte: »Am 29.12. letzte Abendvorstellung in der ›Plaza‹ am Küstriner Platz. In der Wochenschau wurde die Werbung für Wehrmachthelferinnen gezeigt. Dabei wurde, vor allem von den weiblichen Besuchern, höhnisch gelacht. Außerdem fielen Bemerkungen wie ›Uns sollen sie gern haben‹ und ›Das habt ihr euch so gedacht!‹.«

Wie viel besser haben wir es hier und heute in einer Demokratie mit Presse- und Meinungsfreiheit! Wir haben die Wahl, ob wir Desinformationen als Teil der politischen Kommunikation hinnehmen wollen – oder ob wir *Fake News* eine Absage erteilen und jenen, die uns in die Irre führen wollen, Grenzen aufzeigen. In den USA wurde kurz vor den Halbzeitwahlen 2018 die 34-jährige Valarie Wunder aus Worland, Wyoming, bei einer Wahlkampfveranstaltung auf Trumps Lügen angesprochen. Ihre Antwort konnte man in der *New York Times* nachlesen: »Ich kann nicht sagen, dass irgendetwas, was er behauptet, stimmt, aber ich vertraue ihm.«

Kann man machen. Muss man aber nicht.

Lektüretipps

Becker, Jörg / Beham, Mira: Operation Balkan. Werbung für Krieg und Tod. Baden-Baden [2]2008.

Bleyer, Alexandra: Auf gegen Napoleon! Mythos Volkskriege. Darmstadt 2013.

– Propaganda als Machtinstrument. Fakten, Fakes und Strategien. Norderstedt [2]2018.

Bremm, Klaus-Jürgen: Propaganda im Ersten Weltkrieg. Darmstadt 2013.

Brodnig, Ingrid: Hass im Netz. Was wir gegen Hetze, Mobbing und Lügen tun können. Wien 2016.

– Lügen im Netz. Wie Fake News, Populisten und unkontrollierte Technik uns manipulieren. Wien 2017.

Fröhlich, Romy / Szyszka, Peter / Bentele Günter (Hrsg.): Handbuch der Public Relations. Wissenschaftliche Grundlagen und berufliches Handeln. Wiesbaden [3]2015.

Jaster, Romy / Lanius, David: Die Wahrheit schafft sich ab. Wie Fake News Politik machen. Stuttgart 2019.

Krüger, Uwe: Mainstream. Warum wir den Medien nicht mehr trauen. München [2]2016.

Milborn, Corinna / Breitenecker, Markus: Change the Game. Wie wir uns das Netz von Facebook und Google zurückerobern. Wien 2018.

Morelli, Anne: Die Prinzipien der Kriegspropaganda. Springe 2004.

Müller, Jan-Werner: Was ist Populismus? Ein Essay. Berlin 2016.
Ötsch, Walter / Horaczek, Nina: Populismus für Anfänger. Anleitung zur Volksverführung. Frankfurt a. M. 2017.
Rosling, Hans: Factfulness. Wie wir lernen, die Welt so zu sehen, wie sie wirklich ist. Berlin 2018.
Skudlarek, Jan: Wahrheit und Verschwörung. Wie wir erkennen, was echt und wirklich ist. Stuttgart 2019.
Snyder, Timothy: Über Tyrannei. Zwanzig Lektionen für den Widerstand. München 2017.
Viennot, Bérengère: Die Sprache des Donald Trump. Berlin 2019.
Wernicke, Jens: Lügen die Medien? Propaganda, Rudeljournalismus und der Kampf um die öffentliche Meinung. Frankfurt a. M. 2017.
Wodak, Ruth: Politik mit der Angst. Zur Wirkung rechtspopulistischer Diskurse. Wien/Hamburg 2016.